부모의 리더십이
자녀의 미래를 결정한다

자녀의 리더십을 길러주는 **7**가지 원칙

| 진재혁 |

부모의 리더십이
자녀의 미래를 결정한다

ⓒ 생명의말씀사 2007

2007년 5월 1일 1판 1쇄 발행
2012년 2월 28일 3쇄 발행

펴 낸 이	김창영
펴 낸 곳	생명의말씀사
등 록	1962. 1. 10. No.300-1962-1
주 소	110-101 서울 종로구 송월동 32-43
전 화	(02)738-6555(본사), (02)3159-7979(영업부)
팩 스	(02)739-3824(본사), 080-022-8585(영업부)
지 은 이	진재혁
기획편집	태현주, 조해림
디 자 인	박소정, 정혜미, 이시우
인 쇄	영진문원
제 본	정문바인텍

ISBN 978-89-04-15698-6

저작권자의 허락없이 이 책의 일부 또는 전체를
무단 복제, 전재, 발췌하면 저작권법에 의해 처벌을 받습니다.

부모의 리더십이 자녀의 미래를 결정한다

자녀의 리더십을 길러주는 **7**가지 원칙

| 추천의 글 |

지구촌교회 담임목사 이 동 원

진재혁 목사님은 생동하는 리더십을 소유한 차세대 리더이십니다. 그와 함께 동역하면서 그런 생동하는 리더십이 감동을 끼치는 현장을 목격했습니다. 리더십으로 학위를 한 학문적 배경에 실천적인 목회 경험 마당에서 자신을 증명해 왔습니다. 이런 배경에서 나온 이 저작은 동서의 문화가 만나는 새 시대의 나침반이 될 것입니다. 자녀 교육으로 기러기 충격을 경험하는 오늘의 상황에서 이 저작은 꼭 필요한 책이 될 것입니다.

리더십과 관련된 책들이 범람하고 있지만 기독교적 세계관의 가치는 희소해지는 요즈음의 시대에서 그의 탄탄한 성경적 확신의 기초는 무엇보다 가정을 견고하게 하는 반석이 될 것입니다. 미국과 한국, 1세와 2세의 중간 교량을 첨예하게 경험한 저자의 문화적 탁견은 급변하는 오늘의 교육 환경에서 우리의 자녀들의 미래를 안내하는 안심할 만한 교과서로 이 책을 손에 잡는 이 시대의 많은 부모들에게 비전의 등불이 되어 줄 기대를 갖습니다.

자녀 교육의 피상적 고민에서 벗어나 자녀의 미래를 리더십의 전

망에서 발견하고 싶다면, 또한 자녀 안에 있는 진정한 리더를 키우고자 한다면 아빠 엄마가 함께 이 책을 읽고 부부가 함께 기도의 무릎을 꿇는 것도 좋을 것입니다. 교회, 혹은 학교에서 차세대를 키우는 모든 교사들도 이 책의 지혜를 함께 나눌 수 있다면 우리의 교육 현실의 위기는 분명 새로운 리더십을 일깨우는 기회가 될 것입니다.

너무 늦기 전에 당신 자녀 안에 있는 리더를 일깨우십시오.

한동대학교 총장 김 영 길

21세기를 흔히들 네트워킹Networking의 시대라고 말합니다. 여기서 네트워킹은 단순히 기술적 의미의 전자적인 결합만을 의미하는 것이 아닙니다. 각 개인이 가진 지식이 서로 융합되어 새로운 가치의 지식을 만들어내는 시대에 다른 이와 함께 공존하고 협력할 수 있는 역량은 다른 어느 시대보다 중요한 것입니다.

이러한 무한의 관계 속에서 자신의 역량을 발휘하기 위해서는 모든 이를 잘 이해하고 섬길 수 있는 리더십이 필요합니다. 성장 중심의 시대에서는 어느 한 분야의 탁월한 능력과 자질로 그룹의 선두를 차지하는 사람들이 리더의 역할을 수행해 왔으며, 이들에게 정직이나 윤리와 같은 가치들은 부차적인 것으로 여겨지기도 했습니다. 하지만 Global 시대가 요구하는 인재상은 기존의 그것을 뛰어넘는 것입니다.

『리더가 죽어야 리더십이 산다』는 저서로부터 지금에 이르기까지 저자 진재혁 목사님은 리더십론에 목숨을 걸고 기도와 사역을 해오고 있는 분입니다.

자녀 교육이라는 큰 고민 때문에 아빠와 엄마가 떨어져 사는 기러기 가정도 불사하고 있는 이때에, 가정과 학교에서 차세대에 대한 변화와 기도가 절실하게 요구되는 이때에 이번 저서는 많은 교사와 부모님들에게 함께 고민하고 지혜를 나눌 수 있게 하는 길잡이가 될 것이라고 기대합니다.

교과서에 갇힌 이론은 직접 실험하고 체험한 경험만큼 그 힘을 발휘하기 어렵습니다. 저자 진재혁 목사님은 훌륭한 믿음의 가정에서 신앙교육을 받고 자라, 미국에서 교육을 마친 1.5세 목회자이십니다. LA 나성영락교회에서 목회자로, 아프리카 케냐에서 선교사로, 한국 지구촌교회에서 영어담당 목회자로, 지금의 산 호세 뉴비전교회에서 담임목사님으로 세워지시기까지 이민 1세와 2세를 연결하는 이민목회자로서 자녀들의 교육과 신앙, 리더십 문제에 깊이 관심을 가지고 열정적으로 사역해 오셨습니다.

진재혁 목사님의 사역 여정과 그가 직접 체득해 온 많은 경험들이 이 책에 녹아 있습니다. 이 책이 하나님께서 주신 최고의 기업이며, 최고의 선물인 자녀들의 잠재력을 발견하고 변화시켜, 이 시대를 변화시키고 새 역사를 써 나갈 리더들로 만들어갈 소중한 선물이 되기를 고대하며 강력하게 권하는 바입니다.

HIS University 총장 양은순

나는 저자를 만나면서 세 번의 감동과 기쁨을 느꼈다.

첫 번째는 영성 있는 찬양과 자유함 속에 생동감 넘치는 교회 분위기와 젊은 목사의 리더십을 목격하는 감동과 기쁨 - 10년 전에 강사로 초대되어 가정세미나를 인도했던 교회에 최근 젊은이들을 위한 세미나 강사로 다시 초대되었을 때였다. 아직은 1세가 주도권을 쥐고 있는 미국 한인 교회에 한국어보다 영어를 더 잘하는 1.2세쯤(?) 되어 보이는 젊은 목사가 담임목사님으로 오셨다는 소식에 적지 않은 우려가 있었는데 기우에 지나지 않았다.

두 번째는 성경에서 하나님께 쓰임 받았던 많은 인물들처럼 이중언어에 능숙하고 이중문화에 잘 적응한 젊은 리더의 가정사역에 대한 비전에 공감할 수 있는 감동과 기쁨 - 집회를 마치고 그 젊은 담임 목사님과 대화를 하는 가운데 전혀 문화 차이를 느끼지 않는 가정사역에의 비전을 나누면서 새로운 감동과 함께 가슴이 뛰는 기쁨을 느꼈다. 하나님께서는 한국 사람들을 전세계에 영향을 줄 수 있는 놀라운 리더로 사용하시기를 원하신다는 사실을 확인하는 시간이었기 때문이었다.

세 번째는 저자가 사역의 현장에서 안타까운 심정으로 외친 부모교육 강의 내용을 책으로 출판하기 위한 원고를 읽으면서 다시 한번 저자의 외침에 공감하면서 느낀 감동과 기쁨 - 영어를 더 잘하는 저자인데 우리말이 딱딱하거나 어색하지 않고 마음으로 공감할 수 있도록 재미있게 쓰여졌다는 것이 놀랍다.

  유난히도 자녀 교육에 관심과 열정이 높은 한국 부모들에게 진정한 자녀 양육의 방향성을 제시해 주고 있는 유익한 내용이다. 교회나 지역 사회의 여러 단체에서 부모 교육의 교재로도 사용할 수 있고 소그룹으로 부모들이 함께 읽고 토론하며 실천에 옮길 수 있다면 더 큰 효과를 기대할 수 있다. 이 책을 통해 진정한 리더가 된 부모들이 하나님의 걸작품인 자녀들의 성숙한 모습으로 인해 감동과 기쁨을 누리게 되리라.

파이디온 선교회 대표 양 승 헌

  30년간 어린이 사역을 해왔고, 평생 어린이 사역자로 인식되는 것을 큰 영광으로 여기는 어린이 사역자로서 이 책을 읽는다는 것이 얼마나 큰 격려이며 기쁨인지 모른다. 이 책이 갖는 세 가지 접근 때문이다.

  첫째는, 이 책은 아이들 속에 하나님께서 심어 놓으신 리더십의 가능성을 조명하고 있다. 제자들이 성난 소리로 아이들을 멀리 쫓아 버리려고 할 때, 예수님은 말씀하셨다. "아이들이 내게 오는 것을 용납하고 금하지 말라. 하나님의 나라가 이런 자의 것이니라." 많은 부모들은 아이들의 겉만 보고, 현재만 보고, 할 수 없는 것만 보았던 제자들의 눈으로 아이들을 보는 실수를 저지른다. 그래서 미래의 지도자를 빚어내는 소중한 기회와 특권을 낭비한다. 그러나 이 책은 우리가 아이들의 속을 보고, 미래를 보고, 할 수 있는 것을 보셨던 예수님의 눈으로 아이들을 보도록 인도한다.

둘째는, 이 책은 미래의 지도자를 세우는 오늘의 에이전트로서 부모를 겨냥하고 있다. 많은 부모들은 자신들의 작은 꿈의 틀 속에 자녀들을 가둠으로써, 자녀들 속에 내재된 온 세상을 축복할 엄청난 리더십의 가능성을 묶고 있다. 이 책은 부모로서 자녀들이 온 세계를 축복할 리더로 자라도록 어떻게 거침돌이 아닌 디딤돌로 기능해야 하는지 그 책임과 특권뿐 아니라 구체적인 원리를 제시하고 있다.

셋째는, 자녀 교육이라는 광범위한 주제와 리더십 계발이라고 하는 특별한 주제를 절묘하게 결합함으로써 자녀 양육의 분명한 목표와 비전을 제시하고 있다. 부모로서 어떻게 자녀 속에 묻혀 있는 리더의 잠재력을 이끌어 낼지, 리더십의 원리를 매우 평이한 일상의 언어로 풀어낸 멋진 책이다.

| 목 차 |

- 추천의 글 · 4
- 저자의 글 · 14

제1부 신新 행복 방정식?

제1장 부모들의 행복 방정식 · 19

행복 방정식 | 행복 방정식의 뿌리를 찾아라! | 그토록 공부를 시키는 이유 | 행복 방정식의 열매

제2장 행복 방정식의 놓쳐버린 질문들 · 31

Finishing Line | 전인적인 가치관 | 사랑의 표현

제3장 행복 방정식의 패러다임 변화 · 49

스위스 시계 산업이 몰락한 이유 | 패러다임 Paradigm 이란? | 한국 사회의 패러다임 변화 | 미래에는 어떤 인재가? | 리더십! | 한국 교육의 현 주소

제2부 부모인 리더, 리더인 부모

제1장 리더십을 아는가? · 63
영향력 | 리더십보다 더 중요한 것은 없다 | 리더십에 대한 오해 | 내 자녀가 리더가 되기 원하는 이유

제2장 당신은 어떤 부모인가? · 79
부모의 유형들 | 아버지를 찾습니다!

제3장 부모 리더십 · 91
부모 리더십이란? | 부모 리더십이 자녀의 장래를 좌우한다!

제3부 부모 리더십 7원칙

부모 리더십 제1원칙 카메라의 원칙 · 101
카메라의 원칙 | 리더는 어떻게 리더가 되는가 | 카메라의 원칙들

부모 리더십 제2원칙 카멜레온의 원칙 · 113
카멜레온의 원칙 | 소아과 의사 | 여행 안내자 | 코치 | 친구 | 카멜레온의 원칙

부모 리더십 제3원칙 서울 구경의 원칙 · 123
서울 구경의 원칙 | 리더십 층층다리 | 리더십 기초 | 리더십 형성 | 리더십 훈련 | 리더십 열매 | 리더십 집중 | 리더십 피날레 | 서울 구경, 하셨습니까?

부모 리더십 제4원칙 시계의 원칙 · 137
시계의 원칙 | 융통성의 횡포 | 원칙의 중요성 | 모범의 중요성 | 유산의 중요성

부모 리더십 제5원칙 사과씨의 원칙 · 149

사과씨의 원칙 | 세 종류의 사람 | 비전이라는 다이아몬드 | 꿈과 비전의 차이 | 비전의 3단계 | 좋은 질문 | 새로운 생각 | Boys be ambitious! | 계획의 훈련 | 열정 찾기

부모 리더십 제6원칙 붕어빵의 원칙 · 165

붕어빵의 원칙 | 최고를 원하는 부모 | 부모 리더십 X, 부모 리더십 Y | 무엇이 선행되어야 하는가? | 아빠와 아들, 아빠와 딸 | 메이저 리그, 마이너 리그 | 아빠 흉터, 엄마 흉터 | 당신은 자녀에 대해 얼마나 알고 있는가?

부모 리더십 제7원칙 안경 렌즈의 원칙 · 181

안경 렌즈의 원칙 | 문화 3차원 | 문화 빙산 | 글로벌 시대의 리더십 | 한국의 리더십 뿌리 | 안경 렌즈의 원칙 적용하기

■ 마치는 글 · 198

| 저자의 글 |

'부모의 리더십이 자녀의 장래를 좌우한다!' 라는 제목으로 처음으로 교회에서 부모 세미나를 인도할 때 깜짝 놀랐었다. 보통 주일 예배 시간에는 예배당 뒷좌석부터 자리가 천천히 채워지는데 부모 세미나 강의실은 누구 하나 말하지 않아도 앞좌석부터 자리가 꽉꽉 채워졌다. 늦게 오는 사람도 거의 없었고, 강의에 늦은 몇몇 사람들은 한결같이 안타까운 표정이었다. 실로 뜨거운 열기가 후끈 느껴지는 순간이었다.

이러한 모습을 보며 하나님께 드리는 주일 예배 또한 이럴 수 있다면 얼마나 좋을까 생각했다. 그리고 한편으로는 부모들의 자녀 교육에 대한 엄청난 필요와 갈급함을 교회가 어떻게 도와야 하는가 하는 답답하고 안타까운 마음이 들기도 했다.

'참 좋은 세미나'라는 호응을 얻어 그동안 연구하고 체험한 것을 책으로 엮게 되었다. 이 책은 한국의 암담한 교육 환경과 교육 시스템, 혹은 교육법 개정이나 방침, 그리고 대학 입시 방법 개선책 등 교육에 연결된 외부의 문제점을 지적하거나 진단하는 내용이 아니다. 오히려 우리의 눈을 안으로 돌려 진정한 교육에 관한 근본적인 진단을 내리고 자녀 교육에 있어서 가장 중요하고 근본이 되는 세계관과 역사관에서 나오는 교육 철학과 성경적 가치관에 대한 진단을 내린 것이라 하겠다.

우리는 지금 하루가 다르게 변하는 시대에 살고 있다. 눈 깜짝 할 사이에 새로운 패러다임이 생겨 나는 시대에 살고 있는 것이다. 이러한 시대를 대비하여 리더십의 영향력과 중요성을 인식하고 미래를 내다보며 성경적 가치관과 리더십 이론을 바탕으로 하여, 미래지향적인 안목으로 부모의 리더십을 극대화시킬 수 있는 내용을 담았다.

리더십은 영향력이며 사람은 그 영향력에 의해 변한다. 그리고 부모만큼 큰 영향력을 가진 사람은 없다. 이 책을 읽는 독자마다 하나님께서 맡기신 자녀들에게 잠재된 가능성Potential을 끌어내 일으켜 주는 놀라운 일들이 곳곳에서 일어날 것을 확신하며, 이 책이 나오기까지 원고 정리와 수정을 도와준 송경희 자매와 성혜정 자매에게 감사하며 주님의 상급이 넘치시기를 바란다.

실리콘벨리 산 호제에서
진재혁

제 1 부

신新 행복 방정식?

제 1 장 부모들의 행복 방정식
제 2 장 행복 방정식의 놓쳐버린 질문들
제 3 장 행복 방정식의 패러다임 변화

제 1 장

부모들의 행복 방정식

행복 방정식

"What do you want your children to be when they grow up to be your age?"

(만약 당신의 자녀가 커서 지금 당신의 나이가 된다면 그들이 어떤 사람이 되기를 원하십니까?)

이 질문을 미국, 이탈리아, 한국인 부모들에게 던져 보았다.

미국인 부모의 대답은 다음과 같았다.

"I want them to be happy."

(우리 아이들이 행복하면 좋겠어요.)

항상 삶을 즐기는 풍요로움과 엔터테인먼트entertainment가 중요한 미국 문화에서 'happy' (행복한)와 'happiness' (행복)라는 개념은 가장 선호되는 가치관이다. 미국의 어린이 주일학교 노래에도 happy 라는 단어가 자주 사용된 것을 볼 수 있다. 캘리포니아에 소재한 디즈니랜드에서는 소매치기를 당하거나, 아이를 잃어버리거나, 부부가 서로 싸우는 등 전혀 happy하지 않은 일들도 많이 일어나곤 하지만 디즈니랜드 정문에는 'Happiest place on earth' (세상에서 가장 행복이 넘치는 곳)라고 쓰여져 있다. 그만큼 happiness는 미국 사람들에게 가장 중심적인 삶의 가치임에 틀림없다. 그래서 "나는 내 자녀들이 커서 happy하기를 원한다."라는 대답이 나왔던 것 같다.

이탈리아인 부모는 다음과 같이 대답했다.

"I want them to be good."

(우리 아이들이 평안했으면 좋겠어요.)

영화 '대부' Godfather를 보신 분들은 충분히 이해가 되겠지만 그 영화에서 'Be good.'이라는 말을 자주 사용하는 모습을 볼 수 있다. 이것은 도덕적인 개념이라기보다 인간 관계상에서의 평안을 강조한 가치관이라 하겠다.

마지막으로 한국인 부모에게서는 어떤 답이 나왔을 것이라고 생각하는가?

"I want them to be successful."

(우리 아이들이 성공하기를 바래요.)

이 대답에 적지 않은 한국의 부모들이 동감하리라 생각한다.

한국 사회에서는 대체적으로 부모들이 사랑하는 자녀들의 최선과 최고의 삶이 성공하는 삶이며 또 그렇게 자녀가 성공하기를 원한다. 그러므로 한국 부모들의 행복 방정식은 곧 성공이다. 성공해야 행복

할 수 있다고 생각한다.

그렇다면 한국 부모들은 그 행복을 이루는 '성공'의 가장 중요한 부분이 무엇이라고 생각하는가? 그들이 가장 좋아하는 단어, '공부'이다. 그렇다! 바로 그 공부이다. 공부선수, 공부벌레, 공부대장 등……. 일단은 무조건 공부를 잘하고 보아야 한다는 것이다.

공부를 잘하면 그 다음 단계는 무엇인가? '일류 대학'이다. 공부를 잘해서 일류 대학을 가야만 성공할 수 있다는 것이다.

그렇다면 일류 대학을 간 다음은 무엇인가? 성공의 매뉴얼처럼 이어지는 순서는 바로 '좋은 직장'이다.

이렇게 해서 죽도록 공부하고 일류 대학에 가서 좋은 직장을 얻게 되면 성공했다, 출세했다고 말한다. 그러므로 그 후에는 영원히 행복할 것이라고 생각한다.

여러분 중에도 이 행복 방정식에 고개를 끄덕이며 공감대가 형성되는 사람이 있을 것이다. 그래서 '행복은 성적순이다.'라는 표현이 나올 정도로 우리 자녀들을 교육하고 또 우리 자녀들이 이러한 방법을 통해서 성공하여 행복해지기를 바라는 마음이 우리 부모들의 생각 가운데 만연해 있는 것인지 모른다.

행복 방정식의 뿌리를 찾아라!

그러면 이 행복 방정식이 어디에서부터 시작된 것일까? 왜 이 방정식이 지금까지 인정되고 있고 우리도 모르는 사이에 이것을 그대로 적용하고 있는가? 이 행복 방정식의 뿌리를 찾아보자.

그 뿌리는 먼저 한국 역사의 변화와 그에 따른 대응 교육의 변화에서 발견할 수 있다. 과거, 시골에서 주로 이루어졌던 유교적 교육에서는 '배워야 사람이 된다.'라는 표현을 사용했다. 즉 올바른 사람이 되기 위해서는 공부해야 한다는 교육 이념이 있었던 것이다.

그런데 1960년대부터 1990년대까지 한국 사회에는 급격한 경제 발전과 함께 산업화와 도시화가 이루어지기 시작한다.

이러한 산업 근대화를 통해 많은 사람들이 시골에서 도시로 이동하게 된다. 그리고 그들은 자신들이 새로 정착한 도시에서 무無에서 유有를 창조하며, 사회적 지위와 학위를 이루는 공부의 중요성을 뼈저리게 느꼈고 자수성가自手成家의 신화를 창조했다. 그 분들이 지금 우리의 부모님들이나 나이 든 분들의 대부분이다. 그러한 분들 밑에서 지금의 부모들이 자녀로서 공부했고 한국 사회의 공교육을 받았다.

그 당시의 가장 중요한 사회 가치관은 '잘 살아보세.'였다. 서양의 문물을 받아들이며 그들처럼 우리도 잘 살아보자고 이를 악물고 경제 발전과 공장 건설에 주력했던 시기였다. '새마을 운동'과 '하면 된다'를 강조했던 그 시대의 교육 이념은 '바른 인간이 되기 위해 배워야 한다.'는 과거의 지론에서 '잘 살기 위해서는 공부해야 한다.'로 바뀌게 된다. 그러기 위해서 시골에서 도시로 이사해야 했으며, 어떤 학교를 다녔는가가 사회의 지위와 출세의 보장이 되기 시작했다. 바로 이 때부터 새로운 행복 방정식이 들어서게 된다.

그렇다면 현재 한국 부모들, 특히 자녀의 교육을 주로 전담하고 있는 어머니들을 생각해 보자. 결혼적령기를 지나지 않은 자녀들을 데리고 애쓰고 있는 모든 부모들, 특히 어머니들은 특별한 예외를 빼놓고 거의 1960년대에서 1990년대 사이에 교육을 받은 사람들이다. 다시 말하면 가난했던 시절에 물질적으로 부유하게 살기 위해서는 공부를 잘해야 한다는 성공 방정식의 시대를 살았던 사람들인 것이다.

혹시 그때 우리가 배웠던 교육 이념, 그 당시에 진행되었고 우리에게 주입되었던 이 성공 방정식을 우리도 모르는 사이에 자녀들에게 그대로 강요하고 있지는 않은지 생각해 보기 바란다.

학창시절로 돌아가서 공부할 때 자주 들었던, 그리고 부모님이나 선생님들에 의해 자주 인용되었던 말들을 떠올려보라. '공부해서 남 주나!' (아직까지도 이 말을 사용하는 사람들이 있다), '다 너를 위해서 공부하는 거야.', '너 잘되라고 그러는 거야!', '머리가 될지언정 꼬리가 되지 마라!', '너 공부 못하면 깡통 차는 거야!', '거지 되고 싶지 않으면 공부 열심히 해!'

이러한 분위기에서 부모들이 우리를 격려했던 말은 '천재는 99%의 노력과 1%의 영감으로 이루어진다.' 는 것이었다.

이러한 말로 자녀를 움직이며 공부를 시켰던 부모님들 밑에서 우리는 성장했고 어느덧 자신도 모르는 사이에 그때 받아들였던 교육 이념과 교육 철학을 마치 검증된 행복 방정식인양 우리의 자녀들에게 그대로 강조하며 주입시키고 있다. 그래서 자녀가 공부선수가 되는 것이 엄마의 최고 관심사가 되었다는 슬픈 사실을 부정할 수 없다. 왜 그럴까? 성공과 행복을 획득하기 위해서는 공부를 잘해야만 한다고 교육받았고 지금 우리 자녀들에게 똑같이 교육시키고 있기 때문이다.

그토록 공부를 시키는 이유

그렇다면 부모가 제일 많이 하는 '공부 좀 해라!' 라는 말에 대한 몇 가지 심리적인 이유를 한번 생각해 보자.

첫째는 공부가 바로 성공의 지름길이라고 믿기 때문이다. 앞서 말했듯이 우리가 믿는 행복론은 과거 산업화 시대에 배우고 공부했던 교육 철학과 이념에 의해 출세하고 성공해야 행복할 수 있다는 것이다. 그러기 위해서는 공부를 잘해서 좋은 대학에 가고 좋은 대학에 가면 좋은 직장이 준비되어 있고 좋은 직장에 가면 행복하리라고 믿는 것이다. 그래서 자녀들에게 공부해야 성공한다, 성공해야 행복하다고 이야기한다.

둘째는 과거를 한탄하기 때문이다. 이러한 부모들은 자신이 현재 행복하지 못한 이유는 학창시절에 열심히 공부하지 않았기 때문이라고 생각한다. 그리고 남들이 자기보다 더 행복하고 다른 사람들이 타고 다니는 차가 더 좋아 보이고 이웃집 냉장고가 더 커 보이는 이유도 그들이 자신보다 공부를 더 많이 했기 때문이라고 생각한다. 그렇기 때문에 내 자녀를 열심히 공부시키면 자식만큼은 나보다 더 성공(행복)한 생활을 할 거라고 믿는다.

셋째는 자신들이 이루지 못한 것에 대해 한이 맺힌 경우다. 원하지만 이루지 못했던, 그 당시 가정 환경이나 형편 때문에 맺힌 한이 있는 것이다. 좀더 좋은 여건들이 준비되어 있지 못해서 내가 못 이룬 것을 자녀들을 통해서 간접적으로나마 이루고 싶어하는 부분도 다분히 있는 것이다.

마지막은 보상 심리 때문이다. 보상 심리라고 하면 대부분의 부모들은 다 자식을 위한 것이지 자식에게 무언가 바라는 것은 없다고 말할지 모르겠다. 하지만 어떤 부모는 말과는 달리 훗날 성공한 자식을 통해 자신에게 만족할 만한 댓가가 돌아오지 않을 때 이렇게 이야기한다. "내가 너를 어떻게 키웠는데……. 네가 나에게 이럴 수 있어? 자식 키워봤자 헛 거라더니……." 이러한 말들은 보이지 않는 보상 심리가 우리 속에 있다는 것을 증명하곤 한다.

우리가 받은 교육과 바로 이러한 심리적 이유 때문에 우리도 모르는 사이에 일방적으로 자녀들에게 우리가 이해하고 있는 행복 방정식을 주입하며 그 길만이 성공하는 길이고 그 길만이 그들이 행복할 수 있는 길이라고 강조하고 있지는 않은지 생각해 보아야 한다.

행복 방정식의 열매

그렇다면 이러한 심리에서 나오는 행동적 결과는 과연 무엇인가?

여기 인생의 출발선이 있다고 가정해 보자. 42.195km 마라톤처럼 사랑하는 자녀의 인생 마라톤을 생각하는 부모의 심정은 이 인생의 경주에서 어떻게 하면 내 자녀가 좀더 일찍, 출발선 앞에서 시작할까 하는 것이다. 즉 다른 사람과 똑같은 출발선상에서 뛰지 않고 자녀들이 한 발짝이라도, 단 10센티미터라도 앞에서 출발한다면 더 빨리 성공에 다다를 수 있지 않을까? 이와 같이 부모의 마음은 내 자녀가 다른 아이들보다 조금이라도 먼저 출발할 수 있도록 해주고 싶은 것이다.

그렇게 앞선 출발점을 찾으려고 하는 부모들에게는 빨리 하고 많이 하는 것이 중요하다. 그 이유가 무엇인가? 출발을 어떻게 하는가가 중요한 것이 아니라 남보다 먼저 뛰는 것이 더 중요하기 때문이다. 과외비를 벌기 위해 파출부를 뛰는 중산층 부모들, 부모가 고생을 해서라도 자녀들을 좋은 학원을 보내야 하는 것이 기본이 되어 버린 것이다.

힘을 다해 뛰며 수고하면서 부모는 자녀에게 "내가 얼마나 너를 사랑하는지 알아? 너를 위해 얼마나 고생하는지 알아?"라고 말한다. 또 조기 유학을 보낸다. 자녀의 장래를 위해서 온 가족이 뿔뿔이 흩어져 살아도 참는다. 그래서 '기러기 아빠'가 생기기 시작했다. 그런데도 조급한 마음이 든다. "남들은 앞으로 마구 뛰어나가는 것 같고 먼저 떠나는 것 같은데 우리 애는 가만히 있자니 자꾸 뒤처지는 것만 같고……. 뭘 좀더 알아봐야 되지 않을까? 정보가 중요해!" 하는 생각이 들기도 한다. 그러나 주위 상황을 알기 위해 자꾸 물어보고 바빠지면 바빠질수록 암담한 현실에 점점 더 버티기가 힘들어지기도 한다.

자녀들에게 좋다는 것은 이것저것 다 찾아보고, 그럼에도 불구하고 다른 아이들과 비교했을 때 항상 부족하다는 느낌이 들며 부모로서 죄책감까지 들기 시작한다. 내가 좀더 잘해준다면, 내가 좀더 가진 돈이 많았더라면, 내가 좀더 힘을 실어 주었더라면 우리 아이들이 쭉쭉 뻗어나갈 수 있었을 텐데, 다 내 잘못이다 싶은 생각이 든다. 그러다 어떤 일들이 계기가 되면 화가 나고 다 집어던지고 싶어진다. 괜히 교육부 장관이 미워지고 한국 사회가 싫어지고, 이러한 저런 죄책감들이 엄습하며 마음을 괴롭히기 시작한다.

인터넷에 게재된, 고등학교 3학년 자녀를 둔 어느 어머니의 글에서 이러한 마음을 읽을 수 있었다. 제목은 '가정 탈출'이다.

시험기간 내내 몇 시간밖에 안 되는 수면 시간을 잘도 견디던 큰놈이 별 성과가 없는 성적에 짜증을 내기 시작했습니다. 지난 금요일 다음날이 토요일이라고 쓸데없이 밤을 지새운 아들은 아침 10시가 넘도록 일어나지 못했습니다. 간신히 일어난 아들은 밥이라도 먹고 다시 자라는 엄마의 말에 냅다 짜증부터 내고 있습니다.
며칠째 계속되는 큰놈, 작은놈의 시험공부 때문에 함께 잠이 부족한 엄마는 역시 젊은 탓에 비교적 멀쩡한 그들과는 달리 비실비실 정신을 못차리고 있습니다. 큰놈 작은놈의 간식 챙기기, 작은놈 시험공부 봐주기, 집안일에 직장일까지 겹친 엄마도 지칠 대로 지쳐 가는데 막바지에 이른 시험공부로 스트레스가 쌓인 아들들과, 너나 할 것 없이 짜증나는 날씨에 지친 아빠는 감당할 길 없는 짜증을 대한민국 남자답게 모조리 엄마에게 풀기로 작정했습니다.
함께 잠 못 자고 시달리고 뒷바라지한 공은 간곳없이 사방에서 날아오는 짜증, 짜증, 짜증에 드디어 엄마도 지쳐 넘어가기 직전입니다. 그러다가 큰아들의 무심하고 서운한 짜증섞인 말에 그만 왈칵 눈물을 쏟아내고 맙니다. 웬 갱년기인가……. 아직은 말랑말랑하고 엄마의 고성이 통하는 애꿎은 작은아들만 엄마의 눈치를 보며 슬슬 돌아가고 있습니다.
아침을 먹고 각자 자기 할 일을 찾아 흩어지는 일요일 오전, 한바탕 격정의 감정을 치르고, 나는 일상 탈출, 가정 탈출을 꿈꿉니다. 비록 한 시간도 못되어 독서실에서 돌아온 아들 점심을 위해 국수를 삶고 있으면서도 말입니다. 시험 마지막 날인 오늘 아침 아들은 마지막 날답게 날밤을 새고 학교에 갔습니다. 아무리 말려도 본인의 스트레스인지 몰라도 아이가 밤새는 동안 엄마도 새우잠을 잘 뿐입니다.

학교로 향하는 차 안에서 오늘 시험 끝나면 엄마는 휴가라고 이야기했습니다. 아침 밥상에서 아이들 아버지에게도 통보를 했습니다. 오늘 이 아침에는 휴가라고……. 그런데 아들과 아빠에게서 나오는 한결같은 대답은 "갈 때 가더라도 우리 먹을 것은 준비하고 가세요." 나 원 참, 내 이름은 엄마가 아니고 밥입니다. 아들들아! 마지막 시험 성의껏 잘 치르길 바란다.

혹시 이 글을 보면서 '나도 그런데…….'라는 느낌이 드는 분이 있을지 모르겠다. 이렇게 어려운 가운데 힘든 마음을 가지고 있는 부모들의 모습을 보면서 '그렇다면 어떻게 해야 될 것인가?'라는 질문을 하게 된다. 그러나 그전에 먼저 생각해 보아야 할 중요한 질문이 있다.

우리 자녀들이 이러한 방법으로 성공한다고 해서 과연 그들의 인생이 행복할까? 출세한다고 정말 행복할까? 사회적 지위나 재물이 진정 우리의 행복을 보장한다고 생각하는가? 높았던 사회적 지위가 한순간에 몰락하여 감옥에 들어간 사람들도 있지 않은가? 장관직에 있다가 감옥 간 사람들이 얼마나 많은지, 감옥에 있는 사람들의 전직 지위만으로 본다면 완전히 새로운 정부를 수립해도 될 것이다.

높은 지위를 가져서 행복한 시대는 이미 지나갔고 오히려 요즘은 윗자리에 있으면 더 힘들고 어렵다고 하는 시대가 되었다. 이제는 더 이상 돈으로도 행복을 살 수가 없다. 로또로 인생 역전을 하기는커녕 인생을 망친 사람들이 얼마나 많은지 모른다. 부모님께 물려받은 유산으로 돈이 많이 있었지만 그 돈을 가지고 형제들끼리 싸우는 등, 오히려 가족의 불화가 시작되고 인간관계의 어려움을 겪고 사람들의 손가락질을 받는 사람들도 있다.

내가 알고 있는 한 부자는 부부가 한 방을 쓰지 못하고 있다. 왜냐하면 너무 돈이 많아 누가 훔쳐갈까 불안하여 같이 편안하게 잠을 잘 수가 없다고 한다. 너무 스트레스를 받아 신경이 날카로워져서 정신과 치료를 받고 있다. 무엇이 진정한 행복인가?

이것은 단순히 한국의 문제만이 아니다. 미국에서도 돈이 행복을 줄 수 있다고 장담하지 못하기는 마찬가지다. 저명한 포춘Fortune지에서 미국의 386세대라 불리는 40대 이하 갑부들의 행복도를 조사하여 '과연 그들은 행복한가?' 라는 특집 기사를 내보냈다. 그 결과 그들은 이렇게 이야기했다.

"Not sure(꼭 그런 것만은 아닙니다). 돈이 많으면 정말 행복하고 성공한 것이라는 말도 다 허상입니다."

사회적 성공이 행복의 보장은 아니다. 성공해서 행복하기를 바라는 마음은 누구에게나 있지만 그럼에도 불구하고 행복하기는커녕, 성공 때문에 오히려 더 불행해지는 경우도 얼마든지 있다.

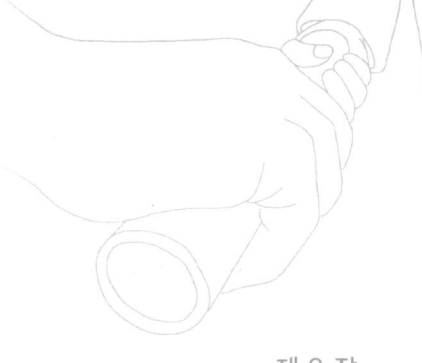

제 2 장

행복 방정식의 놓쳐버린 질문들

대형 백화점에서 찾아가고자 하는 상점의 위치를 모른다면 군데군데마다 세워져 있는 안내도를 참조하면 된다. 안내도를 들여다볼 때 가장 먼저 보아야 할 것은 찾아야 할 그 상점의 위치가 아니라 백화점 안내도에 표시되어 있는 빨간 점이나 화살표이다. 그 옆에는 이렇게 쓰여져 있다. '현위치.'

그렇다. 자신이 지금 어느 위치에 있는지 알지 못한다면 어디로 가야 할지 알 수 없는 것이다. 자신이 어디에 있는가에 대한 바른 이해가 우선되어야 한다.

우리의 행복 방정식도 마찬가지이다. 공부를 잘하면 성공하고 성공하면 행복하다는 이 방정식이 정확하게 검증되지도 않은 상태에서 우리는 여전히 이것을 추구하고 있다. 여기서 우리는 혹시나 놓쳐버린 질문이 없는가 잘 생각해 보아야 한다. 행복 방정식 앞에서의 우리의 모습을 정확하게 평가하기 위해서는 다음과 같은 질문들이 필요하다.

Finishing Line

첫 번째는 '결승점Finishing Line이 무엇인가?' 이다. 즉 우리는 어떤 결승점을 향해 달리고 있는가?

전에 언급한 대로 우리는 결승점을 향해서 남보다 앞서 뛰고, 조금이라도 빨리 출발하기 위해서 안간힘을 쓰고 있다. 다른 사람들과의 경쟁에만 신경 쓰다 보니 이 경주의 마지막 결승점에 대해서는 무감각, 무관심하다는 점이 문제이다.

자녀들의 인생의 출발점과 선착순은 신경 쓰면서 그보다 더욱 중요한, 내 자녀들이 뛰고 있는 인생 경주의 결승점에 대해서는 왜 생각해 보지 않는가?

무조건 빨리 뛴다고 해서 좋은 것이 아니다. 왜냐하면 빨리 뛰기는 하지만 잘못된 라인으로 뛴다든지, 또는 라인을 벗어나 전혀 다른 결승점에 도착하여 그 방향이 처음부터 잘못되었다는 것을 나중에야 알아차릴 수도 있기 때문이다.

그렇기 때문에 정말 중요한 것은 결승점이 어디이며 무엇인가에 있다. 그리고 그 결승점은 부모가 기대하는 결승점이 아니라 자녀의 가능성의 결승점이 되어야 한다. 그런데 부모가 기대하는 결승점이 자녀의 결승점이 되어버렸기 때문에, 부모들은 자녀들이 좀더 빨리 출발하기만을 재촉하고 있는 것이다.

그러는 가운데 진정으로 중요한 자녀들의 가능성들을 제대로 활용하지 못하고 결국 원치 않았던 결승점으로 갈 때가 얼마나 많았는가? 미국에서도 한국인 부모들은 자녀가 대학을 갈 때 전공 과목을 무엇으로 할 것인지를 가장 고민한다. 학생들에게 "대학에서 무엇을 전공하고 싶은가?"라고 질문하면 대부분 "부모님은 의사가 되기를 원하세요."라고 대답한다.

그 부모들이 원하는 것이 무엇인지 아는가? 의사가 못 되면 변호사, 의사 못 되고 변호사 못 되면, 미국에서 직업을 얻기 좋은 엔지니어링, 전산, 공학이다. 만약 역사나 어학, 예술 방면으로 전공을 선택하려 하면 부모들은 바로 말한다.

"그거 해 가지고 어떻게 미국에서 밥 먹고 살려고 그러니?"

그 말을 수없이 들을 때마다 한 걸음 뒤로 물러서서 생각해 보게 된다. "의사 되라! 변호사 되라! 공학을 공부해라!" 하고 강요하는 것은 곧 자녀가 하루 세 끼 밥 못 먹고 살까봐 걱정하는 부모의 마음을 표현하는 것 외에 더 이상은 아니라고…….

그러한 부모가 생각하는 자녀의 결승점은 자녀가 하루 세 끼 밥 먹는 것이다. '그것 못 먹을까봐 엄마는 참 걱정이니까 공부 열심히 해서 대학가서 좋은 직업 가져야 된다.'라는 가치관을 전달하고 있는 것이 아닌가?

그러다 보니 부모도 자녀의 성공을 위해 열심히 같이 뛰어주어야 하고, 때로는 부모가 오히려 자녀를 위해서 더 바쁘게 뛰고 고생하는 경우가 많다. 어느 책에서 본 한 부모의 글이다.

자녀를 서울 S대 법대에 보내는 법

안녕하세요! 저는 아들을 S대 법대에 보낸 엄마입니다. 사실 저는 제 아이의 장래를 이미 오래 전부터 설계해 놓았답니다.

제 아들은 대단히 머리가 좋은 데 비해 성적이 그리 좋지는 않았습니다. 그래서 아들을 위해 저는 주위에서 정보를 수집한 후에 전략을 수립했지요. 그렇게 해서 아이가 중학교에 다닐 때부터 미리 아이의 진로에 대한 청사진을 완성했습니다.

중3 때 고등학교 1학년 전 과정의 수학과 2학년 수준의 영어, 그리고 고교 물리, 화학 과외를 시켰습니다. 그냥 시킨다고 되는 것은 아니죠. 중요한 것은 분위기 조성입니다. 우선 대학 입학 때까지 같이 경쟁하고 발전할 팀을 구성해 주어야 합니다. 이 팀은 몇 년간 지속될 것인 만큼 구성원을 고를 때 특히 조심해야 합니다. 먼저 공부 외에 딴 곳을 기웃거릴 아이는 절대로 배제시켜야 합니다. 교외 활동을 열심히 한다든지 조금이라도 날라리 기질이 엿보인다면 가차 없이 빼야 합니다.

다행히도 저는 첫 눈에 이러한 아이들을 구별할 수 있는 안목을 지니고 있습니다. 기생 오라비처럼 생겨서 폼 잡는 아이들은 특히 조심해야 합니다. 쓸데없이 여자아이들에게 관심을 갖는 분위기를 만들거든요. 다방면에 관심이 있는 아이도 빼야 합니다. 성적은 좋지만 주먹이 세거나 인간관계가 좋고 리더십이 뛰어난 아이도 아주 위험합니다. 그러한 아이는 학생회장이 되거나 해서 주변 아이들의 마음을 산란하게 만들기 때문이죠.

다음으로 중요한 것은 학원 선택입니다. 학원은 절대 아무 곳이나 가서는 안 됩니다. 우선 명성 있는 강사를 물색해야 되는데 대중 강의를 통해 보통 학생들에게 알려진 강사는 사실 별로입니다. 자녀들을 좋은 대학에 보낸 엄마들, 즉 선배들의 조언을 구하는 것도 좋은 방법입니다. 이렇게 정보를 수집한 후에 선정한 강사를 직접 만나 보아야 합니다. 이때 강사에게 잊지 말고 우리 아이가 얼마나 뛰어난지를 확실하게 못 박아야 합니다. 그래야만 강사가 뻣뻣하게 굴지 않고 때로는 수강료를 싸게 해줍니다. 솔직히 강사도 우수한 학생을 가르쳐 입시 성적을 올려야 학생들이 몰릴 것 아닙니까?

다음으로 아이를 자극해야 합니다. 중3이라는 시기가 얼마나 중요한지에 대해서 설명하는 것입니다. 계속적인 자극으로 아이가 약간의 불안함을 가지도록 하면서 스스로 기초를 다지겠다는 생각을 갖도록 유도해야 합니다.

그리고 이미 짠 팀 그대로 소수정예로 굴러가야 합니다. 이는 수준에 맞는 강의로 효율성을 높이고 수강료 분담으로 경제적 부담도 줄이면서 중간에 이탈자가 생기지 않게 하기 위함이지요.

수능시험은 마쳤고 물론 아들의 성적은 잘 나왔습니다. 큰 아이는 이대 법대를 다니고 있는데 지금 사수를 시키고 있습니다. 살아가면서 이대 가지고는 안 될 것 같거든요. 똑똑한 부모의 예를 들어보죠.

쌍둥이 중 한 명은 S대 법대, 또 한 명은 같은 학교 의대를 합격시킨 집입니다. 강남 지역에서 고액 과외하는 것으로 유명했던 집이지요. 그 집 엄마가 얼마 전 TV 인터뷰에 나왔습니다. 그런데 그 자리에서 집안 형편상 과외를 마음대로 못 시켜 두 아이에게 미안하다고 하더군요.

전 속으로 실소를 금치 못했죠. '연극도 참 잘하시네.' 라고……. 그 엄마는 요즘 과외 소개로 부수입을 짭짤하게 올리고 있습니다.

제 아들은 지금 자유를 만끽하고 있는 중입니다. 앉은 자리에서 담배 한 갑을 다 피우기도 하고 집에 들어오지 않는 날도 많습니다. 속상하냐고요? 천만에요. 앞으로 1년 후에 그 애가 시작해야 할 일이 있기 때문에 지금 마냥 놀리고 있는 중입니다. 곧 고시 공부를 시작해야 되거든요. 그리고 사실 제게도 휴식이 필요하지 않겠어요?

이 글을 통해 우리 자녀들이 뛰는 인생 경주의 결승점이 도대체 어디에 있는가 하는 질문을 다시 던져 보지 않을 수 없다.

전인적인 가치관

우리가 놓쳐버린 두 번째 질문은 자녀들에게 전인적인 가치관이 전달되고 있는가 하는 점이다. 가치관은 삶을 통해서 이루어진다. 가치관은 그저 말로 가르치거나 강의를 통해서 이루어지지 않는다. 삶을 통해 나누고 전달해 주어야 하는 것이 바로 가치관이다.

그런데 '공부'라는 행복 방정식, 아니 성공 방정식에 의해서 공부, 시험, 성적에 우선순위를 두는 교육 방법 때문에 부모가 진정으로 가정에서 자녀들과 의미 있는 시간을 보내지 못하고 가치관을 전달할 수 있는 시간을 놓치고 있다.

가정교육에 관한 책을 자주 출간하는 한 출판사의 여사장은 내게 이렇게 하소연했다.

"요즘 엄마들은 자녀들과 집에 있으면 불안해서 어쩔 줄을 모른대요. 보통은 엄마가 가르치는 것보다 전문가들에게 맡기는 게 더 낫다고 생각한답니다. 하지만 어쩌다 아이들이 쉬는 날이 되어서 집에 있으면 엄마가 자녀들을 어디다 보내야지 이렇게 놔두었다가는 우리 아이들만 뒤쳐지는 것 아닌가 하면서 오히려 더 불안해 한다고 합니다."

이 이야기는 웃고 지나가기엔 너무 심각한 사실이라는 것을 부인할 수 없다. 한번 생각해 보자. 자녀들에게 가장 중요한 것들을 심어주어야 될 시기에 우리 부모들은 잘못된 성공 방정식에 정신이 팔려 자녀들에게 가장 중요한 부모로서의 역할을 담당하지 못하고 있다. 공부와 시험과 성적 때문에 그 아이들을 전문가라 불리는 다른 사람들에게 의탁하고 있다는 사실이다. 너무나도 슬픈 일이다.

어떤 사람은 말한다.

"집에서 아이들이랑 있으면 엄마가 아이들하고 막 싸워요. 감당을 못해요. 한번도 제대로 이 아이들하고 어떻게 시간을 보내고 부모가 어떤 역할을 해야 되는가 생각해 보지 않습니다. 연구해 보지 않아요. 책 한 권 읽어보지 않아요. 그저 소문만 듣고 좋다는 학원은 다 보내고 보니까 아이들하고 같이 있으면 막 싸우는데 애가 엄마 같고, 엄마가 애 같고……."

엄마 같은 아이, 아이 같은 엄마가 지금 같이 자라고 있다는 말이다.

어린 시절 들었던 이야기 하나를 기억한다.

한 아이가 단순한 호기심으로 연필 한 자루를 훔쳐 왔다. 아이의 엄마는 그것을 대수롭지 않게 여기고 그냥 놔두었다. 그랬더니 아이는 자라면서 점점 더 큰 것을 훔치기 시작했다. 나중에 그 아이는 어른이 되어서도 남의 물건을 훔치다 감옥에 갇혀 사형을 당하게 되었다. 그

날 엄마가 아들에게 물었다. "네가 어떻게 이럴 수가 있느냐?" 그러자 아들이 엄마에게 할 이야기가 있으니 가까이 오라고 말했다. 아들은 가까이 다가온 엄마의 귀를 세게 깨물었다. 그리고 말했다. "왜 제게 잘못된 것이 무엇인지 가르쳐주지 않으셨습니까? 처음 연필을 훔쳤을 때 왜 아무 말씀도 안하셨습니까?"

어렸을 때 들은 이 이야기는 지금 우리의 처지와 너무나도 흡사하다. 부모들이 자녀들을 공부하라고 다그치고 성적 올리라고 밀어부쳐서 결국 자녀들이 각자 자신의 결승점에 서게 되었다고 가정해 보자. 부모가 계획하고 준비했던 그 성공의 방정식 끝에 선 아이가 "아, 나는 행복하지 않다."는 고백을 한 후 부모들의 귀를 깨문다면 어떻게 할 것인가?

자녀들이 어떤 삶을 살아야 될지, 진정한 인생의 결승점을 어디로 잡아야 할지, 또 인생에서 무엇이 중요한가에 대하여, 아이들과 제대로 마음을 터놓고 이야기기해 보았는가?

어느 의학저널에 실린 글을 본 적이 있다.

어떤 사람이 정서불안으로 앉기만 하면 항상 종이를 찢었다. 이 문제를 해결하려고 여러 병원을 돌아다녔다. 한 병원을 갔더니 의사가 과거의 상처를 중심으로 질문했다.

"혹시 어렸을 때 종이 뭉치로 머리를 맞은 적이 있습니까?"

그러나 그 사람은 그러한 경험이 없었기 때문에 실망하고 다른 병원으로 갔다. 그 다음 의사는 환경적 요인에 대해 질문했다.

"혹시 어릴 때 종이 공장 근처에 살았었나요? 그래서 공장에서 나오는 매연과 폐수로 인해 피해를 봐서 안 좋은 기억이 있는 것은 아닙니까?"

그것도 역시 그 사람의 문제를 해결할 수 없었다. 이 사람은 마지막으로 한 군데만 더 가보고 그래도 원인을 찾아내지 못하면 그만두겠다고 마음 먹었다. 마지막 병원에 갔을 때 의사가 질문했다.

"어떻게 오셨습니까?"

"예, 선생님. 저는 앉기만 하면 종이를 찢습니다."

그러자 그 의사가 심호흡을 하고 눈을 부릅 뜨더니 그 환자를 무섭게 노려 보면서 큰 소리로 외쳤다.

"종이 찢지마!"

그랬더니 그 다음부터 그 환자는 종이를 찢지 않게 되었다고 한다. 아무도 이 단순한 내용을 제대로 말해준 사람이 없었던 것이다. 모두들 원인을 분석하려고만 했지 실제로 이렇게 간단한 치료 방법을 사용하지 않았던 것이다.

지금 미국에서는 홈 스쿨링 Home Schooling-자녀를 학교에 보내는 대신 집에서 부모가 직접 가르치는 것을 가리킴이 대단한 붐을 일으키고 있다. 미국에서 홈 스쿨링이 유행하는 이유는 공교육의 문제점에 대한 대응이라고도 볼 수 있다.

저자의 가족도 아프리카 케냐에 머무는 동안 홈 스쿨링을 경험했지만, 더 중요한 것은 어떻게 하면 부모가 자녀와 좀더 시간을 보낼 수 있을까 하는 자녀 교육의 중요한 원칙에서 시작된다. 부모와 함께 가정에서 질적인 시간을 보내지 않는다면 진정한 인생의 가치는 전달되지 않기 때문이다.

열심히 노력하고 엄청난 희생을 하면서 수고하고 애쓰는 가운데서도 우리 자녀들에게 진정으로 가장 중요한 가치관의 전달이 이루어지지 않는 이유가 여기에 있다.

도자기 만드는 사람들을 생각해 보자. 도자기를 만들려면 일단 물레에 진흙을 올려 놓는다. 그리고 진흙이 굳기 전에 발을 굴러 물레를 돌리고 손으로 부드러운 진흙을 만져가면서 모양을 만들어 내어 아름다운 도자기의 형태를 이룬다.

부모의 역할도 마치 도자기를 만드는 사람과 같다. 심성과 인성 그리고 가치관이 아직 형성되지 않은 자녀는 하나님이 우리에게 주신 선물이다. 부모는 도자기를 아름답게 만들어야 하는 책임과 특권을 가지고 있다.

그런데 아름다운 도자기를 빚어내야 할 중요한 시기에 과외 보내고 학원 보내고 남에게 의탁하면서도 부모가 더 불안해 하면서 인생의 훌륭한 가치관으로 도자기의 모양을 제대로 만들 기회를 놓치고 있지는 않은지……. 정말 안타까울 뿐이다.

도자기를 빚어 모양을 만들 시간이 항상 우리를 기다리고 있는 것은 아니다. 시간이 지나면 진흙이 어떻게 되는가? 굳어져 버린다. 그때 가서 다시 도자기로 빚으려 해도 그 진흙은 빚어지기는커녕 굳은 채로 그만 깨져 버릴 것이다.

그러므로 우리가 깨달아야 하는 것은 이러한 가치관의 교육이 가정에서 부모와의 관계 가운데 일찍이 우리 자녀들에게 이루어져야 된다는 것이다.

사랑의 표현

우리가 놓쳐버린 세 번째 질문은 이러한 방정식의 과정 가운데 과연 우리 자녀들이 부모에게 사랑을 느끼는가 하는 점이다. 부모로서 자녀를 사랑하지 않는 부모가 어디 있겠는가? 모든 부모는 자신의 자녀들을 끔찍이 사랑한다. 부모가 가지고 있는 가장 중요한 생각은 무엇인가? 내가 그들을 사랑하기 때문에 이렇게 수고하고 공부시킨다는 것이다. 이러한 모든 것을 하는 이유도 내가 그들을 사랑하기 때문이라고 이야기한다.

그런데 중요한 것은 자녀들에게 "엄마 아빠가 너를 사랑하니?"라고 물었을 때 그 답이 생각하는 것만큼 부모의 대답과 동일하지 않을 수도 있다는 이야기다. 아니, 굉장히 다르리라고 생각한다.

부모는 자신이 수고하고 애쓰면서, 또 희생하면서 다 내 새끼를 위한 거라고 스스로를 위로하고 있음에도 불구하고 자녀들은 오히려 진정으로 자기들을 이해하지 못하는 부모가 주는 사랑을 사랑으로 느끼지 못할 때가 많다.

부모들은 행복 방정식에 의해서 물질적으로 더 많이 주고 필요한 대로 다 채워주고 하면 자녀들이 부모의 사랑을 알 거라고 생각하지만 진정으로 자녀들에게 필요한 것은 물질이 아닌 사랑이다. 그들이 느끼고 이해할 수 있는 사랑이다.

그 사랑은 아이와 시간을 보내는 것이 될 수도 있고, 대화를 나누는 것이 될 수도 있고, 또 새로운 것을 가르쳐주는 시간일 수도 있고, 안아주고 들어주는 것일 수도 있다.

다시 말하면 공부를 열심히 시키기 위한 부모의 수고가 꼭 아이들에게는 부모의 사랑으로 느껴지지 않을 때가 있다는 것이다. 그렇다고 공부를 안 시킬 수는 없다.

물론 공부할 수 있도록 도와주어야 하지만 그것이 우선순위가 되고 그것에만 부모의 역할이 집중되고 있다면 한번쯤은 자신이 지금 하고 있는 노력이 내 자녀에게 사랑으로 전달되고 표현되고 있는가 하는 질문을 던져볼 필요가 있다.

한국 어머니들은 사랑 표현에 많이 약하다. 엄마가 고생하면 아이들도 다 알아서 부모의 사랑을 느낄 거라고 착각하는 것이다.

아버지들도 마찬가지이다. 부부 세미나를 통해 알 수 있었던 것은 한국 남성들 또한 사랑의 표현에 인색하다는 것이다. 부인에게 사랑의 표현을 해볼 것을 권하면 한국 남자들은 힘들어 할 때가 많다. 기껏 한다는 말이 "다 알지?", "뭐 그런 걸 이야기해?"라면서 사랑한다는 표현은 안 해도 다 안다는 것이 미덕이 되어버린 것이다. 사랑한다는 표현 하나도 상대방이 이해하는 방법으로 해주어야 받는 사람이 사랑을 느낄 수 있다.

한때 인터넷에서 아버지에 대한 글이 큰 감동을 준 적이 있다. 제목은 '아버지는 누구인가' 이다.

아버지란
기분이 좋을 때 헛기침을 하고
겁이 날 때 너털웃음을 웃는 사람이다.

아버지란

자기가 기대한 만큼 아들딸의
학교 성적이 좋지 않을 때
겉으로는 "괜찮아, 괜찮아." 하지만
속으로는 몹시 화가 나는 사람이다.

아버지의 마음은 먹칠을 한 유리로 되어 있다.
그래서 잘 깨지기도 하지만 속은 잘 보이지 않는다.
아버지란 울 장소가 없기에 슬픈 사람이다.

아버지가 아침 식탁에서 성급하게 일어나서 나가는 장소(직장)는
즐거운 일만 기다리고 있는 곳은 아니다.
아버지는 머리가 셋 달린 龍과 싸우러 나간다.
그것은 피로와 끝없는 일과 직장 상사에게서 받는 스트레스다.

아버지란
내가 아버지 노릇을 제대로 하고 있나
내가 정말 아버지다운가 하는 자책을
날마다 하는 사람이다.

아버지란
자식을 결혼시킬 때 한없이 울면서도
얼굴에는 웃음을 나타내는 사람이다.

아들딸이 밤늦게 돌아올 때에
어머니는 열 번 걱정하는 말을 하지만
아버지는 열 번 현관을 쳐다본다.

아버지의 최고의 자랑은 자식들이 남의 칭찬을 받을 때이다.

아버지가 가장 꺼림칙하게 생각하는 속담이 있다.
그것은 '윗물이 맑아야 아랫물이 맑다.' 라는 속담이다.

아버지는 늘 자식들에게 그럴듯한 교훈을 하면서도
실제 자신이 모범을 보이지 못하기 때문에
이 점에 있어서는 미안하게 생각도 하고
남 모르는 콤플렉스도 가지고 있다.

아버지는 이중적인 태도를 곧잘 취한다.
그 이유는 아들딸들이 나를 닮아 주었으면 하고 생각하면서도
나를 닮지 않아 주었으면 하는 생각을 동시에 하기 때문이다.

아버지에 대한 인상은 나이에 따라 달라진다.
그러나 그대가 지금 몇 살이든지

아버지에 대한 현재의 생각이
최종적이라고 생각하지 말라.

일반적으로 나이에 따라 변하는 아버지의 인상은

4세 – 아빠는 무엇이나 할 수 있다.
7세 – 아빠는 아는 것이 정말 많다.
8세 – 아빠와 선생님 중 누가 더 높을까.
12세 – 아빠는 모르는 것이 많아.
14세 – 우리 아버지요 세대 차이가 나요.
25세 – 아버지를 이해하지만 기성 세대는 갔습니다.
30세 – 아버지의 의견도 일리가 있지요.

40세 – 여보! 우리가 이 일을 결정하기 전에 아버지의 의견을 들어봅시다.

50세 – 아버님은 훌륭한 분이었어.

60세 – 아버님께서 살아 계셨다면 꼭 조언을 들었을 텐데…….

아버지란
돌아가신 뒤에도 두고두고 그 말씀이 생각나는 사람이다.
아버지란
돌아가신 후에야 보고 싶은 사람이다.

아버지는 결코 무관심한 사람이 아니다.
아버지가 무관심한 것처럼 보이는 것은
체면과 자존심과 미안함 같은 것이 어우러져서
마음을 쉽게 나타내지 못하기 때문이다.

아버지의 웃음은 어머니 웃음의 두 배쯤 농도가 진하다.
아버지의 울음은 열 배쯤 될 것이다.

아들딸들은 아버지의 수입이 적은 것이나
아버지의 지위가 높지 못한 것에 대해 불만이 있지만
아버지는 그러한 마음에 속으로만 운다.

아버지는 가정에서 어른인 체를 해야 하지만
친한 친구나 마음이 통하는 사람을 만나면 소년이 된다.
아버지는 어머니 앞에서는 기도도 안 하지만
혼자 차를 운전하면서 큰소리로 기도도 하고
주문을 외우기도 하는 사람이다.

어머니의 가슴은 봄과 여름을 왔다갔다하지만
체면과 자존심과 미안함 같은 것이 어우러져서
아버지의 가슴은 가을과 겨울을 오고간다.

아버지!
뒷동산의 바위 같은 이름이다.
시골 마을의 느티나무 같은 크나 큰 이름이다.

  이 글이 우리 모두의 가슴을 뭉클하게 만드는 이유가 뭘까 생각해 보았다. 아버지에 대한 적절한 비유도 이유가 될 수 있겠다. 그러나 한편으로는 사랑의 표현이 부족하고 존재감이 없는 아버지, 그래서 그 아버지 때문에 받은 상처와 흉터를 가진 모두에게 안으로밖에 표현하지 못하는 아버지의 진솔한 사랑의 안타까움이 느껴지는 게 아닐까? 어렸을 때 받았던 부모님의 사랑을 생각해 보라.
  어린 시절 친척에게 놀랄 만한 이야기를 들은 적이 있다.
  "너 다리 밑에서 주어 왔대! 여기서 나가면 동네 앞에 다리 있는 거 알지? 너 그 다리 밑에서 주어 왔어." 물론 장난으로 한 말이었지만 그 말을 들었을 때, 어린 마음에 동네 다리까지 찾아가서 그 밑에 누가 살았나 찾아보았던 기억이 난다.
  자녀들에게 부모는 "엄마랑, 아빠는 널 사랑한다.", "엄마아빠가 널 얼마나 사랑하는지 알지?" 하는 이야기를 천 번, 만 번 해도 늘 부족한 입장이다. 우리 세대는 "너 주어왔어."라는 말을 들으면서 그렇게 서럽게 자라왔다 하더라도, 부모 된 우리가 자녀들에게 이러한 반복된 실수를 하지 말아야 될 것은 자명하다.

사랑은 상대방이 알 수 있도록 표현해 주어야 한다. 잘못된 성공 방정식에 사랑의 표현마저 죽어버린 상태에서 부모가 애쓴 것이 자녀들에게 사랑으로 받아들여지지 않는다면 이것이 비극이 아니고 무엇이겠는가?

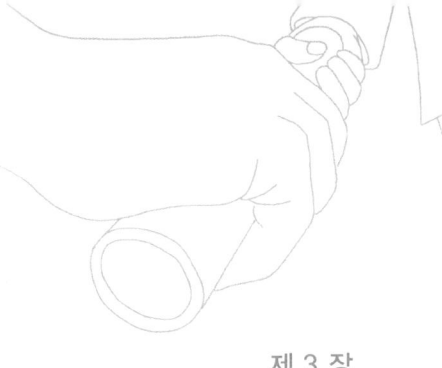

제 3 장

행복 방정식의 패러다임 변화

 전자시계가 나오면서 지금은 태엽 감는 시계가 거의 없어졌다. 대부분의 시계가 전자시계로 바뀌면서 태엽 시계로 유명했던 스위스의 시계 산업도 동시에 전락해 버리고 말았다. 요즘은 일본과 미국의 전자시계들이 오히려 더 많이 활용되고 있는 상황이다.

스위스 시계 산업이 몰락한 이유

 스위스의 시계 산업이 몰락한 이유는 무엇일까?
 시계 산업의 판도가 태엽시계에서 전자시계로 바뀌어가는 것에 무지했기 때문이다. 그런데 재미있는 점은 태엽을 감지 않고 전자동으로 가는 시계를 발명한 사람이 제일 먼저 간 곳은 그 당시 시계 산업에서 성공적인 영화를 누리고 있었던 스위스 시계 산업 조합이었다. 스위스의 여러 군데를 찾아다니면서 태엽을 감지 않고도 저절로 가는 새로운 신제품 전자시계에 대해서 광고를 하고 제품을 알렸다. 그런데 스위스 시계 업계의 반응은 너무도 냉담했다. '태엽도 없는 것이 어떻게 시계가 될 수 있겠는가? 그것은 상품성이 없다.'며 다 거절하고 말았던 것이다. 그 사람은 바로 일본으로 건너갔다. 일본의 카시오 사와 미국의 텍사스 인스트루먼트Texas Instrument사가 그 기술을 샀고 그때부터 시계 산업의 판도는 스위스가 몰락하고 일본과 미국의 전자시계의 새로운 시작이 이루어지는 상황으로 바뀌었다.

그런데 전자시계를 발명한 사람이 누군지 아는가? 그 사람은 바로 스위스 사람이었다. 여기서 중요한 한 가지의 개념을 생각해 보는데 바로 '패러다임'이라는 단어이다.

패러다임이란?

패러다임Paradigm은 어떤 것들을 구분하거나 또는 구분된 범위 안에서 어떤 경기 운영 방법이 가장 효과적이고 성공적으로 적용되어질 것인가를 가르쳐주는 개념이다. 그러한 패러다임의 변화를 '패러다임 쉬프트'Paradigm-Shift라고 한다.

다시 말하면 모든 운동 경기에는 경기 원칙이 있다. 그 경기 원칙이 경기마다 각각 다르게 바뀐다는 말이다. 그러므로 아무리 전에 잘했어도, 그 법이 바뀌고, 운영 방침이 바뀌고 경기 원칙이 바뀌면 과거의 어떠한 성공도 지금과 미래의 성공을 확신할 수 없다는 것이다. 아니 오히려 과거에 성공했다면 성공한 만큼 현재의 새로운 변화를 꺼려하기 때문에 패러다임에 변화가 왔을 때 현재와 미래의 성공으로 발전되기가 어렵다.

예를 들면, 슈퍼마켓에서 쇼핑을 하고 계산하기 위해 몇 개밖에 열려 있지 않은 카운터 앞에 많은 사람들이 긴 줄을 섰다고 하자. 줄 선 많은 사람들을 위해 슈퍼마켓 직원이 다른 카운터를 열어 주면 뒤에 서 있던 사람들은 즉시 새로운 카운터로 다시 줄을 서게 된다. 왜냐하면 뒤에 선 사람들은 오래 기다려야 하기 때문에 언제 새로운 카운터가 열리는가를 늘 주의 깊게 살피면서 기회를 기다리고 있기 때문이다.

그런데 그 과정 가운데서 움직이지 않는 사람이 있다. 그것은 바로 두 번째로 줄을 선 사람이다. 지금 계산하고 있는 사람의 바로 뒤에 서 있는 사람은 절대로 움직이지 않는다.

그 이유는 무엇인가? "나는 그 다음이니까."라고 확신하기 때문이다. 그러다가 앞에 있는 사람에게 실수나 문제가 생겨서 계산이 바로 안 될때 오히려 새롭게 다른 줄에 선 사람보다 더 늦어지는 경우도 있다. 이것이 바로 패러다임 변화의 원리이다.

한 패러다임이 바뀌었을 때는 새로운 방법이 적용되는데 그때는 과거에 아무리 훌륭했던 방법도 더 이상 적용되지 않고 오히려 방해가 될 수 있는 요소들도 상당히 많이 있다는 것이다. 그렇기 때문에 패러다임 변화에 대한 바른 시각은 성패를 결정하는 매우 중요한 개념이 아닐 수 없다.

한국 사회의 패러다임 변화

이제 이러한 패러다임의 시각을 가지고 우리 사회를 바라보자.
우리 사회의 패러다임이 어떻게 바뀌고 있는가?
첫째, 우리 사회는 현재 과거의 산업 시대에서 정보화 시대로 탈바꿈하고 있으며 아날로그 시대에서 디지털 시대로 바뀌고 있다. 근대에서 포스트 모던 시대로 바뀌고 있다. 그 변화의 속도가 얼마나 빠른지에 대해서는 우리 모두가 동감할 수 있을 것이다. 다시 말하면, 과거에 10년, 20년 걸렸던 것들이 불과 1, 2년 안에 변화하고 또 이루어지고 있다는 사실이다. 과거 산업 시대에는 무엇을 아는가가 중요했다. 그런데 정보화 시대에는 무엇을 아는가가 아니라 어디서 어떻게 필요한 정보를 찾아낼 수 있는가가 더 중요하게 되었다.

인터넷만 보아도 그 편리함을 바로 느낄 수 있다. 전세계 사람이 동시에 이메일을 주고받을 수 있는 시스템이 가능해졌고, 이 세상의 모든 지식들을 곧바로 검색할 수도 있다. 물론 인터넷 사용의 부정적인 점도 많지만 마치 온 세상에서 돌아가는 일들이 눈앞에 있는 일처럼 이루어지고 있다는 것이다.

그래서 산업시대 당시 잘 살기 위해 고생하며 전쟁 가운데에서 자란 세대와는 달리 지금은 너무나 다른 세대, 과거에는 꿈에도 생각 못했을 그러한 시대가 지금의 시대인 것이다. 옛날에는 통화만 가능한 전화기로도 기뻐하던 시대에서 전화기로 사진을 찍고, 영화를 보기도 하는 시대로 변화되었다. 우리가 쓰고 있는 핸드폰의 발전 과정을 보면 쉽게 알 수 있다.

이렇게 우리 사회는 굉장히 급속하게 바뀌고 있고 새로운 패러다임이 우리 눈앞에서 전개되고 있다. 시대가 새로운 패러다임으로 변화하고 있다면 그 패러다임에 맞는 새로운 사람들의 등장은 너무나 당연한 일이 아닐까? 또한 그러한 새로운 패러다임에 적합한 새로운 교육도 너무나 당연한 일이 아닐까?

한 가지 예를 들어보자. 딸이 엄마가 햄을 구울 때는 늘 양쪽 끝을 자르는 모습을 보아왔다. 그것을 항상 궁금하게 여기던 딸이 엄마에게 그 이유를 물었다. 엄마는 다음과 같이 대답했다. "글쎄, 나도 모르겠는데. 우리 엄마가 햄을 구울 때는 항상 양끝을 잘랐기 때문에 나도 그런 것 같구나." 다음 가족 모임 때 할머니댁을 방문한 그들은 할머니에게 같은 질문을 던졌다. "왜 할머니께선 햄을 구우실 때 항상 양끝을 자르셨나요?" 그러자 할머니는 "우리 집에 있었던 오븐이 너무 작아서 햄이 다 들어가지 않았기 때문에 항상 끝을 잘라야 했단다."라고 대답했다고 한다.

왜 하는지 이유도 모르고 무조건 했던 대로만 되풀이한다면 21세기에 진정한 변화를 가져올 수 없다. 세계의 패러다임이 바뀌고 있다. 이 새로운 패러다임에서 살아남을 수 있는 유일한 길은 이 변하는 패러다임에 대한 새로운 이해와 그 이해에 따른 우리의 변화에 달려 있다.

미래에는 어떤 인재가?

미래 사회는 어떠한 인재를 원하는가? 앞으로 우리 자녀들이 살아야 될 10년 후의 대한민국에서는 어떤 사회와 어떤 세상이 이루어질 것인가? 물론 미래의 모든 일들을 다 알 수는 없다. 그러나 우리가 추측해 볼 수 있는 몇 가지 것들 중 하나는 이러한 것이다. 이제는 공부만 잘해서는 쓰임 받는 사람이 되기 어렵다는 사실이다. 과거와 같이 성적만 우수하고 공부를 잘해서 좋은 대학교를 간다고 해서 성공하고 출세하는 그러한 패러다임이 바뀌어가고 있는 것이다. 이러한 모습들은 이제 우리 사회에서 조금씩 인식되고 있다. 전혀 다른 패러다임이 세계의 곳곳에서 시작되고 있는 상황에서 우리의 교육은 여전히 똑같다는 데 문제가 있다.

여전히 구 산업 시대의 패러다임을 가지고 앞으로 새로운 패러다임에 살 수 있는, 살고 있는, 또 살아야 되는 우리의 자녀들을 교육하고 있다는 생각을 해본 적이 있는지 모르겠다. 우리 때는 그 방법이 성공적이었고 행복할 수 있었는지 모르겠지만 지금의 아이들이 자라서 활동할 10년 후를 생각해 보라.

몇 년 전 일어났던 사건들이 얼마나 빨리 바뀌고 있는지 또 10년 후 한국 사회를 생각해 볼 때 얼마나 많은 변화가 있을 것이라 생각하는가. 이 아이들이 자라서 10년 후에 성인이 되었을 때 과연 그 아이의 미래에 맞는 교육과 그 아이의 미래에 맞는 준비를 우리 부모가 지금 하고 있는가 하는 질문을 던져보자는 것이다.

지금 미국, 일본과 영국은 미래에 맞는 새로운 교육 모델을 개발하기 위해 엄청난 자원과 시간을 투자하고 있다. 그런데 한국은 어떻게 하면 현재의 시험제도를 바꿀 것인가에 대해 신경을 더 많이 쓰고 있다.

시대가 바뀌고 있다. 그것은 우리가 함께 느끼고 있고 뉴스를 통해서도 계속 볼 수 있지 않은가. 새로운 패러다임이 오고 있다는 것이다. 더 이상 주입식으로 점수 위주로 시험 위주로 공부해서는 이 국제 무대에 필요한 일꾼이 된다고 기대하기는 어려운 시대가 오고 있다.

이제는 수평 시대라고 이야기를 한다. 이제는 모두 전문적인 것이 주어지는데 더 이상 자격증이 중요한 것이 아니라 얼마만큼 제대로 잘 하는가 하는 능력과 창의력이 중요한 전문 시대로 들어가고 있다는 것이다. 그러므로 이러한 패러다임에 필요하고 걸맞는 자녀들을 키워내야 한다.

요즘 영재에 대한 관심 또한 많아지고 있다. 부모라면 누구나 우리 아이가 영재인가 하고 생각해 보았을 것이다. 어떤 부모는 아이들이 무엇이든 조금만 잘하면 영재라고 하기도 한다. 과연 영재란 무엇인가? 우리가 생각하는 대로 공부를 잘하고 일찍 글을 깨닫는 아이가 영재인가? 아니다. 영재를 이야기할 때 보통 세가지를 이야기하는데 창의력과 지능과 집중력이다. 이 세 가지를 만약 한 단어로 묶을 수 있다면 나는 리더십이라고 정의하고 싶다.

지금 이 사회는 개방성과 창의성을 요구한다. 다양성을 원하고 자율성을 지향한다. 그것이 바로 미래 사회가 필요로 하는 인재의 자질이라고 입을 모아서 이야기하고 있는데 그것은 공부만 잘하는 일류 대학생이 아니다.

앞으로 10년 후에 필요한 인재로서 쓰임 받고 성공할 수 있는 인재는 그러한 창의력과 개발성, 문제의식, 집중력, 그리고 자율성을 가진 사람이다. 그 모든 것들을 한 단어로 표현한다면 바로 리더십을 가진 사람인 것이다.

리더십!

삼성의 이건희 회장이 경영자의 자질 중에 으뜸이 무엇인가에 대해 인터뷰를 했다. 그는 이렇게 이야기했다.

"지금처럼 미래 변화를 예측하기 어려운 시대에는 우수한 인재를 확보하는 것이 미래를 대비하는 가장 중요한 전략입니다. 경영자라면 핵심 인재확보를 자신이 챙겨야 할 가장 중요한 과제로 인식해야 합니다. 경영자는 사실 본능적으로 사람에 대한 욕심이 있어야 되고, 필요하다면 삼고초려도, 아니 그 이상이라도 반드시 확보해야 합니다."

그러면서 그는 인재는 '천재'라는 개념으로 이야기한다. 그래서 기자가 물었다. "그렇다면 회장님께서 생각하는 천재는 어떤 사람입니까?" 이건희 회장의 대답이다.

"제가 이야기하는 천재는 공부만 잘하고 100점 맞는 사람이 아닙니다. 각자 끼가 하나씩은 있고 놀기도 잘하고 공부도 효율적으로 하고 창의력이 뛰어난 그런 사람을 말하는 겁니다."

이 말을 다르게 표현한다면 바로 리더십을 가진 사람인 것이다.

한국 교육의 현 주소

그렇다면 우리의 교육 현실은 우리 자녀들에게 21세기에 필요한 리더십 준비를 해줄 수 있는가? 한국에서는 시험성적이 굉장히 중요하다. 왜냐하면 성적에 따라 등수가 결정되기 때문이다. 내가 어린시절 시험을 볼 때 제일 어려웠던 것은 '……가 아닌 것은?' 하고 묻는 질문이었다. 그래서 실수로 틀린 후 '아하, 속았구나.' 라고 생각했었다. 선생님이 왜 그랬을까 한번 생각해 본적이 있는가?

그것은 바로 시험이 얼마나 알고 있는가를 테스트하는 게 아니라 성적으로 등수를 매기기 위한 방법으로 사용됐기 때문이다. 그렇기 때문에 항상 "이것이 무엇입니까?"라고 물으면 다 맞을지 모르니까 굉장히 이상하게 말을 꼬아서 "이것이 아니라고 생각하는 그것은 무엇입니까?"라며 혼동을 주어서 다 아는 아이들 가운데에서도 실수를 적게 하는 아이가 높은 등수로 올라가고 좋은 성적을 받도록 하는 시스템을 만들었다는 말이다.

미국에는 내용만 알면 시험점수가 다 100점이다. 얼마나 많이 아는가가 중요하지 몇 등인가는 중요하지 않다. 그런데 우리 나라에서는 시험이 성적의 순위를 만들어서 누가 그 등수에 들어가는가 안 들어가는가를 결정하는 역할을 한다.

그렇기 때문에 실수하지 말아야 하고, 외워야 하고, 시키는 대로 하지 않으면 안 되는 상황이 되어버린 것이다. 그래서 스스로 생각할 수 있는 능력이 없어지고 문제 의식이 없어지고 창의력이 없어진다. 한국 학생들처럼 새벽부터 도시락 2개, 3개를 싸와서 공부하는 아이들도 없을 것이다. 얼마나 많은 시간을 공부하며 보내고 있는가? 우리 나라처럼 공부 많이 시키는 나라도 없고 또 그렇게 열심히 공부하는 학생도 없지만 그럼에도 불구하고 노벨상 하나 제대로 탄 사람이 없다.

노벨상! 그것은 공부하고 관계없는 것, 그렇게 열심히 밤새워 공부하는 것을 국가별로 계산하자면 노벨상이 한국에서 이미 여러 개 나왔어야 하는 것이 아닌지 모르겠다. 그런데 안 나오고 있다. 아니, 못 나오고 있다. 지금 우리는 이 시대에 맞지 않는 교육의 길을 가고 있다.

미래 사회가 필요로 하는 그러한 교육이 이루어지지도 않았다. 이제는 대학도 믿지 못하게 되었다. '요새 들어온 아이들은 수준이 낮아서 더 공부시켜야지, 겨우 대학공부를 시켜서는 안 된다.' 라는 이야기가 대학에서 나오고 있다. 공부를 그렇게 시켰는데도(그전보다 더 비싸게, 더 많이, 더 일찍) 대학에서의 평가는 더 못해졌고 아직도 안 된다고 말하는 것이다. 어떻게 하자는 것인가? 대학을 졸업하고 나서도 더 이상 소망이 없다.

기업들은 대학을 못 믿겠다고 말한다. 아무리 좋은 대학을 나와도 기업이 바로 쓸 수 있는 능력을 갖춘 신입사원은 불과 20%밖에 되지 않는다고 한다. '1년 반 동안 돈을 엄청 들여서 재교육시키지 않으면 안 된다.' 라고 이야기하는 기업의 입장이 대학 졸업장이 더 이상 성공으로 연결되지 않는 시대가 오고 있음을 명백히 하고 있다.

우리 교육의 현주소로 다시 돌아가 보자. 우리 문화가 가지고 있는 절대적인 가치관 중에 하나가 바로 교육이다. 교육하면 학교, 그래서 우리는 학교에서 이러한 리더십의 새로운 패러다임을 가지고 아이들을 교육시켜줬으면 좋겠다고 하는 당연한 바람을 가지고 있다. 그런데 한번 보자. 지난 산업화 시대의 교육 모델, 앞서 이야기한 것처럼 우리 교육 모델은 여전히 바뀌지 않고 입시 중심의 성적 순위의 교육으로 계속 진행되고 있다. 이제 다른 것은 둘째 치더라도 지식 교육조차도 먹히지 않는 실정이다. 아이들은 과외에서 다 배웠다고 학교에 가서는 다 자고 있고…….

과거의 모델로 새로운 패러다임의 사람들을 준비하려는 실수를 범하고 있지는 않은가? 더 이상 학교를 믿을 수 없다. 그래서 여기저기 대안 교육이 굉장한 관심사가 되는 것이 아니겠는가? 우리 교육은 지식 교육뿐만 아니라 심성 교육에서도 실패다. 과거에 여러분이 공부한 '바른 생활'을 기억하는가? 그것이 요즘은 '생활의 길잡이'로 바뀌었다. 바른 생활을 공부해서 바른 생활이 나오지 않는 현실이다. 학교에서 하는 심성 교육은 한계가 있다.

학교에서 심성 교육이 이루어지지 않고 인격 교육이 이루지지 않는다. 선생과 학생이 서로 신뢰하고 사랑하는 과거의 스승의 날이 이제는 옛날 같지 않다. 죽마고우같이 공부하면서 정말 친하게 지내는 친구! 그 친구가 이제는 서로 경쟁자이고 서로 왕따시키고 아이가 아이에게 뺨을 맞고 집에 오는 것이 지금 우리 학교의 현실인 것이다.

우리의 교육을 가지고는 그러한 새로운 시대에 필요한 리더를 만드는 것은 역부족이다. 그러면 우리는 어떻게 할 것인가?

제 2 부

부모인 리더
리더인 부모

제 1 장 리더십을 아는가?
제 2 장 당신은 어떤 부모인가?
제 3 장 부모 리더십

제 1 장

리더십을 아는가?

'타이타닉'이라는 영화를 본 적 있는가? 그 당시 가장 거대하고 호화로웠던 타이타닉호가 1912년 4월 12일 빙산에 부딪혀 침몰하여 1,517명이라는 고귀한 생명들이 희생된 사건을 영화화한 작품이다. 이 타이타닉호의 침몰은 누구의 책임인가?

나는 이 영화를 보면서 리더십을 생각하지 않을 수 없었다. 스미스 선장을 비롯한 타이타닉호의 리더들은 자기들의 능력을 믿고 교만함으로 현실을 바라보는 눈이 가려져 있었다. 주위를 항해하고 있던 많은 배들이 빙산에 대하여 계속적으로 경고를 보내 왔지만 그 당시 가장 위대한 과학 기술의 결정체였던 거대한 타이타닉호가 그러한 하찮은 빙산 따위에 침몰될 것이라고는 생각하지 않았기 때문이었다.

타이타닉호의 선장인 스미스 선장은 아마도 과거에 노련한 선장으로서의 경험과 리더십을 인정받은 사람이었을 것이다. 그러나 그의 리더십의 교만은 너무나 엄청난 결과를 가져왔고 그 치명적인 실수로 인하여 많은 생명과 스미스 선장 자신의 인생까지 타이타닉호와 함께 침몰하고 말았던 것이다.

타이타닉호는 그 당시 가장 견고하고 튼튼한 배였음에도 불구하고, 한 사람의 리더십의 잘못된 판단과 교만으로 인해 바다 깊숙이 가라앉게 되었던 것이다. 즉 교만하여 자신의 능력을 과대평가하고 자신의 적인 빙산을 과소평가했던 리더십의 치명적인 실수, 바로 그 실수가 타이타닉호를 바다에 가라앉혔던 결정적인 이유가 되었던 것이다.

영향력

그러면 리더십은 무엇인가? 리더십에 대한 정의를 한번 살펴보자.
Most simply leadership is the process of influencing.
(한 마디로 리더십은 영향력을 끼치는 과정이다.)
즉 리더십은 영향력이다. 영향력이란 무엇인지 살펴보기로 하자.
첫째, 영향력은 그 영역이 각각 다르다.
한 사람이 영향력을 끼칠 때 넓은 영향력을 끼치는 사람이 있고 좁은 영향력을 끼치는 사람이 있다. 하나님을 제외하고 어느 누구도 모든 것에 다 전반적으로 영향력을 끼치는 사람은 없다. 과연 우리 자녀들에게 많은 영역에 있어서 가장 깊은 영향력을 끼치는 사람은 누구일까? 그것은 부모이다.

둘째, 영향력에는 책임이 따른다.

우리가 어떤 영향력을 끼치든지 간에 그 영향력에는 거기에 따른 책임이 항상 뒤따른다. 그 영향력은 부정적일 수도 있고 긍정적일 수도 있다. 긍정적인 영향력을 끼치는 사람은 진정한 가치를 가르쳐준다. 부모가 자녀에게 긍정적인 영향력을 끼칠 때 부모는 자녀에게 중요한 가치관을 가르치게 되는 것이다.

셋째, 영향력은 선택이다.

다시 말하면 우리는 부모로서 내 자녀에게 영향력을 주고 있다. 그 영향력은 내가 부모이기 때문에 당연히 주는 것이 아니라, 부모가 자녀의 장래와 미래를 생각하면서 자녀를 향한 리더십을 발휘하여 선택적인 영향력을 주는 것을 말한다.

그래서 어떤 사람은 이렇게 이야기한다. 리더leader와 따르는 사람들followers의 차이가 무엇인가? 그 차이는 시각perspective에 있다. 즉 어떤 시각으로 바라보는가 하는 것이다. 그럼 좋은 리더와 그저 그런 리더의 차이는 무엇일까? 더 좋은 시각better perspective의 차이라는 말이다. 그러므로 부모 리더십은 부모가 리더로서의 시각을 얼마나 가지고 있는가에 따라 좌우되기도 한다.

리더십보다 더 중요한 것은 없다

우리 시대에는 공부가 중요했지만 우리 자녀의 시대에는 공부만 중요한 것은 아니다. 지금까지 우리는 포커스를 잘못 잡고 있었다. 다가오는 세대에는 리더십 있는 사람들이 쓰임 받을 것이다.

앞에 언급한 타이타닉호와는 반대의 예로 미국의 유명한 호화 여객선 퀸 메리Queen Mary호가 있다. 그 배는 엄청나게 크기 때문에 한 번의 브레이크를 걸어도 최소한 2km를 더 가버리는 배다. 그것을 보면서 기관실을 방문한 관광객이 이러한 질문을 했다.

"그러면 참 위험하겠네요? 갑자기 멈추어도 2km를 더 가니까 말이에요." 그랬더니 그 선장이 말하기를, "이 배의 선장이 되려면 최소한 2km 정도는 미리 볼 수 있어야지요."라고 대답했다. 이것이 바로 리더십이다. 우리 자녀들이 인생 항해에 어떤 리더십을 가지고 나가는가에 따라서 장래가 달라질 수 있다는 말이다.

다가오는 세대는 이렇게 리더십이 중요하고 꼭 필요하게 될 것이다. 그뿐만 아니라 리더십의 역량에 따라서 성공의 열매가 좌우되는 시대가 올 것이다. 똑같이 노력하지만 리더십의 역량이 클 경우에는 성공의 열매가 훨씬 더 크다는 것이다.

즉 같은 노력을 한다고 할 때 리더십의 영향과 리더십의 결과에 따라서 그 열매가 현저하게 차이가 날 수 있다는 것이다. 그래서 다시 리더십의 중요성을 확인할 수 있는 것이다.

그 대표적인 예가 맥도날드 회사이다. 미국 사람들이 즐겨 먹는 음식 중 하나가 바로 맥도널드의 '빅맥' 햄버거이다. 또 미국의 어린이들에게 가장 큰 인기가 있는 맥도널드 해피밀 세트에는 모든 어린이들이 갖기 원하는 멋있는 장난감이 들어 있다. 이 맥도널드 해피밀을 보면서 어느덧 어린이들의 마음 가운데 이 맥도널드의 로고인 'M' 자가 어린이들의 영웅인 슈퍼맨의 로고인 'S'자를 뛰어넘는 기억으로 남게 된다. 그럴 때마다 맥도널드 회사의 무서움을 절로 실감하게 된다. 어렸을 때부터 저렇게 맥도널드를 찾고 있는 저 어린 아이들은 아마 커서도 여전히 맥도널드에 대한 기억을 잊지 않을 것이다. 과연 어린 아이들을 겨냥한 철저하고 절대적인 광고와 상품 개발을 아끼지 않는 맥도널드사의 리더들은 급변하는 21세기의 경쟁을 성공으로 이끌 수 있는 중요한 리더십의 역할을 계속할 것이라고 예감할 수 있지 않겠는가?

리더십을 연구하면서 이러한 맥도널드사의 큰 성공이 맥도널드라는 이름을 가진 형제의 리더십이 아니라 다른 사람의 리더십이었다는 사실을 알고 크게 놀란 적이 있다. 맥도널드 형제는 1930년대에 맥도널드 패스트푸드 식당을 통하여 놀라운 성공을 이루었다. 그러나 이 성공 사례를 세계적으로 발전시키는 과정에서 맥도널드 형제는 부족한 리더십으로 인해 실패를 경험하게 된다. 이 실패한 사업을 세계적으로 성공케 한 사람이 바로 레이 크로크라는 사람이다. 그는 1961년도에 맥도널드 형제로부터 사업의 모든 권리를 인수하게 되고 전 세계에 가장 잘 알려진 식당업 중에 하나인 맥도널드사를 발전시키는 중요한 리더십의 역할을 감당하게 된다.

맥도널드 형제의 아이디어와 그들의 노력으로 시작되었으며 또 그들의 이름으로 회사명을 가지고 있는 맥도널드사, 그러나 그 형제들의 리더십의 부족으로 인하여 다른 사람의 리더십에 의해서 성공할 수밖에 없었던 맥도널드사를 생각해 보면 리더십의 중요함을 새삼 되새기게 된다. 즉 리더십 역량에 따라서 노력한 그 영역의 열매가 다를 수 있다는 것이다. 이러한 모습들을 보면서 리더십이 얼마나 중요한가를 알 수 있다.

리더십에 대한 오해

리더십에 대한 오해 몇 가지를 같이 이해하고 넘어가려 한다.
첫째, 리더는 타고난다는 생각이다.
물론 리더십을 타고난 사람들이 있을 수 있다. 날 때부터 다른 아이들보다 리더십의 자질이 조금 더 나은 아이들이 있는 것은 사실이다. 그런데 그러한 자질이 있다고 해서 그 아이들이 커서 반드시 리더가 되는가에 대한 답은 '아니다, 그렇지 않다.'이다. 오히려 리더십의 자질이 조금 부족하다 할지라도 그 리더십을 계속 개발하고 생각하고 또 문제 의식을 가지고 발전시키기 위해 찾아 다닌 사람들이 더 큰 리더십의 영향력을 발휘하게 된다. 그러므로 리더십의 역량을 발휘하는 사람들이 그러한 은사를 가진 사람으로 태어나기도 하지만 그것만으로 저절로 리더가 되는 것은 아니라는 것이다. 그러므로 리더십의 은사가 약하다 할지라도 노력하고 배우고 리더십 시각을 가지고 접근한다면 얼마든지 리더가 될 수 있다.

훌륭한 리더를 많이 배출해서 유명해진 어느 마을에 한 사람이 방문하여 마을 유지를 찾아갔다. 그리고 그 유지에게 "이 마을이 위대한 리더들이 많이 배출된 마을이라면서요? 그 리더들이 다 여기서 태어났다면서요?"라고 물었다. 그러자 그 유지가 이렇게 대답했다고 한다. "아니요. 당신이 말한 한 사람의 리더도 여기서 태어나지 않았습니다. 여기서는 그런 위대한 사람은 나지 않았고 그저 갓난 아이들만 태어났습니다."

 리더는 결코 태어나는 것이 아니다. 다시 말하면 우리 모두는 리더십의 자질을 가지고 있고, 비록 그것의 많고 적음의 차이는 있을지 모르지만 우리 각자가 노력한다면 누구나 훌륭한 리더로서의 영향력을 발휘할 수 있다는 것이다.

 둘째, 우리 아이는 아무리 봐도 리더감이 아니라는 것이다.

 한 명 이상의 자녀를 두고 있는 부모들의 삶을 가만히 살펴보자. 우리의 자녀들이 똑같이 한 부모에게서 태어나서 똑같은 것을 먹고 자라나고 있음에도 불구하고 그 아이들이 서로 너무 다른 모습인 것을 본다. 어떻게 그렇게 다를까? 나에게도 세 명의 자녀가 있다. 내 자녀들을 볼 때, 큰아이는 아빠를 닮았고, 둘째는 엄마를 많이 닮았는데 아내와 함께 막내를 보면서는 "애는 어디서 나왔어?"라고 할 때가 종종 있다. 그 정도로 우리집 아이들은 서로 각각 다르다. 어떤 아이를 보면서 '아! 이 아이는 좀더 리더십이 있는 것 같고, 이 아이는 나중에 크게 될 것 같고······.' 그렇게 생각하는 부분들이 있을지 모르지만 사실 결과를 보면 전혀 그렇지 않은 경우가 인류 역사에서 얼마든지 찾아볼 수 있는 것이다.

 그러므로 우리가 보통 생각할 때 일반적으로 성격이 활발하고 발표성이 뛰어나고 앞에 나서기 좋아하는 아이를 보면 '저 아이 크게 되겠다.'라고 생각할지 모르겠지만 사실 나중에 그러한 성격이 바뀌는 경우도 많이 있고 오히려 조용한 아이들이 점점 성격이 진취적이고 밝게 되는 경우도 많다. 또 리더십이 반드시 그렇게 강한 리더십만 있다고 생각할 필요도 없다. 상당히 조용하면서도 신속하게 그리고 신뢰성을 가지도록 사람들을 움직이는 리더들도 얼마나 많은지 모른다.

몇 년 전 비슷한 시기에 운명을 같이했던 다이애나 황태자비와 테레사 수녀를 기억할 것이다. 그들의 삶을 가만히 보면 강력한 카리스마와 큰 외침이 없었던 사람들이었다. 그러나 그들의 조용한 삶 가운데는 굉장한 카리스마가 있었고 그러한 조용한 삶과 차분한 성격 가운데 사람들의 마음을 움직이는 엄청난 리더십이 발휘되었다. 그러므로 내 자녀들을 보면서 '아, 누구네 아이는 성격이 활발한 게 리더 감인데 우리 아이는 너무 조용해서 안 되겠어.'라고 생각하는 것은 리더십에 대한 오해이다. 조용한 성격을 가진 아이도 얼마든지 훌륭한 리더로 클 수 있다.

셋째, 리더는 제왕적이라는 것이다.

리더는 파워를 가지고 군림하고 다스리는 사람이라는 생각이다. 이것이 한국적 정서에서는 지극히 당연한 이야기일 수 있다. 우리가 지금까지 가졌던 리더십에 대한 이해는 마치 박정희 대통령처럼 어떤 한 가지의 목적을 놓고 강한 카리스마로 몰아붙이고 다그쳐서 사람들을 움직이는 강력한 리더십이었기 때문이다.

그래서 우리는 카리스마가 없으면 리더가 아니라는 생각을 갖게 되었고 우리에게 카리스마는 상당히 중요한 일들을 신속하게 처리하는 데 도움이 됐음에도 불구하고 부정적으로 느껴질 때가 많았다. 카리스마적 리더가 없을 때는 "아! 카리스마적 리더가 필요해."라고 이야기하다가도 진정 카리스마적인 리더가 와서 주도적으로 일을 처리

하면 괴로워한다. 독재가 싫다고 하며 그 사람이 없어지기를 바라기도 한다. 이러한 강력한 카리스마 때문에 카리스마는 오히려 우리에게 권위주의적이라는 생각을 갖게 했다.

어렸을 때에 이러한 이야기를 들어본 적이 있는지 모르겠다. '한국 사람들은 맞아야 돼.'라는 이야기……. 우리는 그 이야기를 들으면서 커 왔다. 힘들고 상황이 어려울 때 '우리는 그래서 맞아야 돼!'라면서 서로 위로하고 그렇게 커 왔다는 말이다. 따라서 리더십이란 뭔가 강력하고 카리스마적인 것이라고 생각해 왔기 때문에 리더가 비록 부정적인 영향을 끼치고 괴로움을 주더라도 괜찮다고 생각해 왔다. 그러한 문화적 배경으로 인해 어떤 사람들은 지금까지도 '리더십과 출세하는 것이 무엇이 다른가?'라고 생각하고 있는 것이다.

그러나 나는 리더십을 그렇게 정의하지 않는다. 아니 오히려 리더십은 참으로 남을 섬기고 위하는 것이다. 영어에 이러한 표현이 있다.

You may win the battle, but you will lose the war.

(싸움 한번은 이길지 모르지만 전쟁 자체는 질 수 있다)

권위주의적인 카리스마로 사람들로부터 원하는 결과를 바로 가져올 수 있을지 모르지만 진정으로 사람의 마음을 움직이지 못하고 따르는 자들의 신뢰를 얻지 못한다면 그것은 진정한 리더십이라고 할 수 없을 것이다.

예를 들어 강도가 은행에 들어가 총을 뽑아 들었다고 생각해 보자. 강도가 "무릎 꿇어! 엎드려!"라고 소리지르면 모든 사람이 다 순종하게 된다. 그 강도는 강력한 힘을 가지고 있지만 총을 든 강도를 리더라고 보는 사람은 아무도 없을 것이다. 리더는 제왕적인 파워를 가지고 사람들을 뒤흔드는 자가 아니다.

예수님을 생각해 보라. 예수님처럼 카리스마가 있었던 분은 없었다. 예수님께서 가르치실 때 모든 사람이 그분을 보면서 "가르치는 말씀에 권세가 있다."라고 이야기했다. 권위와 능력으로 사람들을 움직이셨으며 이 세상을 변화시키셨다. 예수님께서는 절대로 힘을 남용하는 제왕적 리더가 아니었다. 예수님은 카리스마 있으면서도 지극히 섬기는 겸손한 리더십을 발휘하셨다.

그러면 강력한 리더십과 섬기는 리더십이 공존할 수 있을까? 물론 그렇다. 그렇게 될 때 진정한 리더가 될 수 있다. 예수님께서도 그렇게 하셨고 우리는 그러한 리더십을 그리워하고 있다.

넷째, 높은 지위가 바로 리더십이라는 오해다.

지위가 높을수록 그 사람을 훌륭한 리더라고 착각하기 쉽다. 사실 가만히 생각해 보면 지위가 곧 리더십은 아님을 알 수 있다. 물론 사람을 움직이는 것 가운데 하나는 바로 지위의 파워라고 할 수 있다. 지위는 사람에게 지시한다. 그렇다고 해서 그 사람이 진정으로 마음에 영향을 받아 움직이는 것은 아니다.

어느 모임에서 회의를 주관하는 사람은 의장이라는 지위를 갖는다. 그런데 그 모임 가운데서 거론되는 이야기의 중요한 내용을 주도적으로 이끌어가는 사람은 의장이라는 지위에 있는 사람이 아니라, 그 안에서 영향력을 끼치고 있는 다른 어떤 사람일 때가 있다. 그렇다면 과연 누가 리더인가? 누가 영향력을 끼치고 있는가? 지위를 가지고 있는 사람인가? 아니다! 지위라는 것은 영향력을 끼치는 데에 도움을 줄 수는 있지만 지위 자체가 리더십이 되지는 못한다.

앞서 말했듯이 부모는 모두 자녀의 리더이다. 부모는 특별한 지위나 타이틀, 높은 지위가 없음에도 불구하고 리더인 것이다. 가장 중요한 최초의 그리고 최고의 리더이자 선생인 것이다.

생각해 보자. 지위를 갖지 못하면 사람들에게 아무런 영향을 주지 못할까? 그렇지 않다. 우리의 삶 가운데 여러 분야에서 자신에게 주어진 자질과 가능성을 마음껏 발휘하면서 남에게 좋은 영향을 주는 훌륭한 리더들은 얼마든지 찾아 볼 수 있다. 물론 그들은 다 높은 지위에 있는 자들이 아니다. 그러므로 높은 지위가 바로 리더십이라는 생각은 오해이다.

마지막으로, 리더가 될 재목은 척 보면 안다는 것이다.

지난 150년 동안 리더십을 연구해 온 학자들은 리더가 될 사람들을 어떻게 하면 미리 알아 볼 수 있을까 하는 것에 대단한 관심을 기울여 왔다. 리더가 될 재목들을 미리 알아볼 수만 있다면 그들을 뽑아 집중적인 지원을 통해 성장시켜서 극대화된 효과를 보고자 했던 것이다. 그래서 리더십 학자들은 리더가 될 수 있는 특성이 무엇인가를 연구해 왔다.

어떤 사람은 리더가 갖추어야 할 자질은 '눈빛'이라고 한다. 눈빛이 초롱초롱하고 반짝반짝 빛나면 '리더가 될 재목이다.'라고 주장하는 사람이 있다. 어떤 사람은 '말'이라고 한다. 말을 설득력 있게 잘할 때 리더십이 있다고 말하기도 한다. 어떤 사람은 '외모'로 평가한다. 무게가 있어 보이는 풍채가 리더십의 감동을 주는 것이라고 한다. 입은 옷을 통해 평가하기도 한다. 무슨 옷을 입어도 빛나고 아주 멋있어 보이는 것을 말한다. 헤어 스타일일 수도 있다. 예수님의 헤어 스타일을 보면서 괜히 은혜를 받기도 한다.

이렇게 많은 사람들이 '무엇이 리더가 될 수 있는 특성을 미리 보여줄 수 있을까?' 에 대해 연구하고 그 해답을 찾아왔다. 재미있는 것은 150년 동안 그들이 찾아낸 것은 '리더가 될 재목을 미리 알아볼 수 있는 특성은 하나도 없다.' 라는 결과가 나왔다는 것이다. 리더십의 씨앗이 되는 그 특성을 찾을 수가 없었다. 키가 작은 사람도 리더가 되었고, 뚱뚱한 사람도 리더가 되었다. 눈이 흐리멍덩해도 훌륭한 리더가 되었고 못생겨도 리더가 될 수 있었다. 역사를 공부하며 리더가 된 사람들을 연구해 볼 때, 어떠한 공통적인 특성이 있지 않다는 것을 발견했다. 부자 동네에서 태어났다고 해서 리더가 되는 것도 아니었고 부모가 훌륭하다고 다 리더가 되는 것도 아니었다. 이러한 모든 역사를 종합해 보면서 리더십 학자들이 마지막 내린 결론은 리더십의 재목을 미리 알아볼 수 있는 리더십의 특성은 존재하지 않는다는 것이었다! 그러므로 리더십 재목들을 미리 알아본다는 것은 리더십에 대한 괜한 오해일 뿐이다.

우리 자녀가 이런 저런 부분에 눈에 띄게 우월한 부분이 보이지 않을 수도 있고 다른 아이들처럼 영재 소리를 듣지 않을 수도 있다. 하지만 그런 중에도 나중에 더욱 훌륭한 리더가 될 수 있는 그런 자질이 우리 자녀에게 얼마든지 있다는 사실을 기억하고 믿으라. 우리 자녀들은 엄청난 가능성을 가지고 있다.

평범한 자녀는 존재하지 않는다. 오직 평범한 부모만이 존재할 뿐이다. 우리 자녀들의 리더십을 개발하도록 도와주면서 하나님 앞에, 사람 앞에 아름답게 서는 모습을 꿈꾸며 자녀들을 키우고 양육하는 것이 부모의 특권인 것이다.

내 자녀가 리더가 되기 원하는 이유

그래서 여러분들에게 이렇게 묻고 싶다. 서론에서 나온 첫 번째 질문이다.

"What do you want your children to be when they grow up to be your age?"

(만약 당신의 자녀가 커서 지금 당신의 나이가 된다면 그들이 어떤 사람이 되기를 원하십니까?)

전에는 '성공한 사람'이라고 이야기했을지 모른다. 그러나 이번에는 그 답이 다르기를 바란다.

"I want them to be LEADERS!"

(나는 내 자녀가 리더가 되기를 원합니다!)

그렇다면 우리는 그 다음 질문을 던져야 한다.

"나는 왜 내 자녀들이 리더가 되기를 원하는가?"

부모들이 자녀가 성공하기를 원하는 것은 성공해서 행복하기를 원하는 것이다. 다만 내 자녀가 잘되기를 바라는 단순한 행복 방정식의 결과였다. 그런데 이제 우리 자녀들이 새로운 시대에 걸맞는 리더가 되기를 원한다면 왜 리더가 되기를 원하는지 그 동기부터 새롭게 할 필요가 있다.

첫 번째 이유는 부모는 자녀 안에 있는 리더십의 은사를 누구보다도 먼저 보기 때문이다. 우리는 자녀들을 보면서 그들의 생각과 자질 가운데 남에게 좋은 영향을 줄 수 있는 훌륭한 점들이 있다는 것을 발견하게 된다. 부모는 아이들로 하여금 리더십의 은사를 최대한으로 발휘하도록 도와주고 싶다는 생각을 가져야 한다.

혹시 "아무리 봐도 내 자녀에게는 칭찬할 만한 점이 하나도 없습니다."라고 말할지 모르겠다. 그렇다면 당신이 문제이다. 우리 자녀들을 보라. 아직 온전히 자라지 않았고, 부족한 점들이 있지만 이것들을 넘어선 무한한 가능성을 가지고 있다. 그런 것들을 보면서 부모로서 앞으로 자녀의 가능성이 더욱 개발되고 발전되기를 원해야 하며, 이러한 마음이 내 아이들이 훌륭한 리더가 되기를 원하는 동기가 되어야 한다는 것이다.

두 번째 이유는 자녀들이 살아야 할 이 시대의 필요 때문이다. 지금도 우리 주위에는 리더십의 부재가 역력히 느껴지는 곳이 얼마나 많은지 모른다. 앞으로 5년, 10년 후에도 이러한 이야기는 더 나올 것이다. 우리 자녀들이 진정 이 시대에 필요한 리더로서 쓰임 받으며 좋은 변화와 새로운 활력을 줄 수 있는 그런 인물들이 되었으면 좋겠다. 너무나 어렵고 힘든 이 시대를 보면서 내 자녀가 이 시대에 꼭 필요한 사람이 되었으면 좋겠다는 귀한 동기가 필요하다.

세 번째 이유는 자녀들이 인생의 경주를 끝까지 잘 마칠 수 있도록 그 시작을 도와야 하기 때문이다. 반짝하고 시작하는 사람들은 많지만 끝을 잘 맺는 사람들은 별로 없다. 우리 주위에도 많은 사람들이 이름을 떨치고, 크게 성공하는 것 같지만 끝에 가서 아무도 모르는 사이에 사라져 버리는 사람들을 많이 보게 된다. 정말 중요한 것은 우리가 어떤 삶을 살았고 그 삶의 마지막이 어떠했는가이다.

마지막으로 우리 자녀들이 온도계thermometer보다는 온도 조절기 thermostat가 되기를 바라기 때문이다. 주위의 상황과 형편에 따라 휩쓸리고 영향 받고 변화되는 사람이 아니라 자기 자신이 주위 사람들에게 긍정적이고 좋은 영향을 줄 수 있는 온도 조절 장치와 같은 삶을 살기를 바라는 것이다.

이러한 점들이 부모로서 자녀를 리더로 키우고자 하는 동기 부여가 될 때 자녀들이 진정 훌륭한 리더로 클 수 있다.

우리의 자녀들은 하나님이 그들 가운데 만드신 아름다움을 바라보면서 자신의 모든 잠재력을 풍성히 나타내고 열매 맺어야 한다. 이 시대에 필요한 사람, 하나님 앞에 쓰임 받는 사람, 그리고 다른 이에게 좋은 영향을 주고 사랑받을 수 있는 그런 사람! 그래서 끝이 오히려 시작보다도 더 아름답고 더 좋은 사람의 모습으로 살 수 있다면!

누군가 이렇게 이야기했다. 사람이 태어날 때는 태어나는 사람은 울지만 곁에 있는 모든 사람은 웃고, 사람이 죽을 때는 인생을 마감하며 눈을 감는 사람은 웃지만 다른 사람은 다 운다는 것이다. 진정으로 그렇게 되기를 바란다.

우리가 죽으면서 "아, 내가 하나님이 주신 사명을 다 이루었구나." 할 만큼 최선을 다했다는 마음에서 미소를 지을 수 있고, 주위에 있는 다른 사람들은 그 사람을 기리고 그 사람이 남긴 영향력을 생각하면서 눈물을 흘리는 멋지고 아름다운 영향력 있는 리더의 삶……. 그런 삶을 우리 자녀들이 살 수 있기를 바란다.

그러면 이러한 리더를 과연 누가 키워 낼 것인가?

제 2 장

당신은 어떤 부모인가?

앞서 리더십은 영향력이며, 우리 자녀들에게 가장 큰 영향력을 끼치는 사람은 부모라고 하였다. 실제로 위대한 리더들의 삶을 연구해 보면 그들에게는 언제나 큰 영향력을 끼친 부모나 부모와 같은 자들이 있었다.

과학자 아인슈타인이나 미국 사회에 큰 영향을 끼친 마틴 루터 킹도 그렇고, 빌 게이츠와 우리에게 잘 알려진 수퍼볼 스타 하인즈 워드에게서도 그들의 삶에 큰 영향을 끼친 어머니를 쉽게 찾아볼 수 있다. 그러면 어떻게 하면 자녀의 리더십을 세워주는 훌륭한 부모가 될 수 있을까?

첫째, 좋은 부모가 되기 위해서는 배워야 한다. 작은 꽃이나 나무 한 그루, 물고기 한 마리를 키우기 위해서도 그것에 대해서 알고 연구하고 배워야 한다. 또 운전을 한다든지 의사 자격증을 딴다든지 하다 못해 이발을 한다고 해도 공부하고 연구하고 배우는데, 부모가 되는 데에는 아무런 자격증도 없고 학위도 없다. 어느 날 한 순간에 부모가 되어 버리는 것이다.

그러므로 더 훌륭한 부모가 되기 위해서는 더 공부하고 더 연구하고 더 배워야 하는 것은 당연하다. 좋은 부모는 저절로 되는 것이 아니다. 좋은 부모는 배워야 한다. 사랑하는 자녀를 기르는 데 많은 시간을 할애하고 연구하고 배우고 익혀서 잘 키울 수 있도록 준비해야 한다.

둘째, 부부관계가 우선되어야 한다. 많은 경우에 부모들이 부부관계에서 채워지지 못한 부분들을 자녀에게 쏟아 놓는 경우를 보게 된다.

자녀들이 "엄마는 세상에서 누구를 제일 사랑해?"라고 물어보면 여러분들은 뭐라고 답하는가? "물론 너지."라고 대답하면 안 된다. "아빠를 제일 사랑하고 그 다음이 너야."라고 대답해도 아이들은 자신이 두 번째라고 기분 나빠하지 않는다. 오히려 그 이야기를 들을 때 더 기뻐하고 좋아하는 것을 볼 수 있다.

아이들에게는 부모가 자기를 얼마만큼 사랑하는가도 중요하지만 부모가 서로를 얼마만큼 사랑하고 있는가도 대단히 중요하기 때문이다.

오늘 저녁 부부간의 다정한 사랑 표현을 자녀들 앞에 보이기 바란다. 자녀들이 행복해 하는 모습을 발견할 수 있을 것이다. 부모가 자녀들 앞에서 싸우거나 서로 마음이 불편할 때 자녀들은 정서적인 안정감을 느끼지 못하고 힘들어 한다. 부부관계가 올바르지 않으면 서로에게 쏟아야 할 관심이 자녀에게로 집중된다. 아이에게만 매달리고 난 이후의 삶에는 청춘을 누리지 못했던 것에 대한 공허와 허무감, 중년의 위기 등 또 다른 위기를 맞이하게 되고 만다. 그렇기 때문에 부부관계가 자녀 교육에서도 우선이다.

셋째, 가정의 소중함을 깨달아야 한다. 사랑과 용서, 따뜻함이 있고 무조건 받아드릴 수 있으며 아름다운 가치관을 키워나갈 수 있는 곳이 가정이라는 공동체이다.

아이가 엄마에게 천국이 어떤 곳인지 물어본다면 "우리 집 같은 곳이야. 사랑과 용서가 있는 집, 있는 모습 그대로 부족하지만 사랑하고 안아주는 곳이지."라고 대답할 수 있어야 할 것이다. 하나님께서도 가장 중요하게 여기시고 제일 먼저 세우신 것이 가정이다. 교회도 학교도 중요하지만 자녀 교육의 승부수를 걸어야 하는 곳은 다름 아닌 바로 가정인 것이다.

넷째, 성령을 의지하라. 훌륭한 부모는 우리의 노력만으로는 되지 않는다. 자녀를 키우는 데는 성령께서 역사하시는 부분이 참 많다. 그래서 부모는 하나님께 매달리고 하나님을 의지해야 하는 것이다.

혹시나 여러분 가운데 하나님을 모르는 분이 있을지 모르겠다. 그런 분께 이렇게 격려하고 싶다. 우리가 아무리 노력하고 최선을 다한다 해도 우리 자녀가 언제 어디서든지 잘못될 수 있다는 것을 부인할 수 없을 것이라고······.

세상 사람 누구에게든 하나님의 은혜가 필요하고 하나님의 역사하심이 필요하다. 기도하는 부모의 자녀는 망하지 않는다. 그러므로 기도는 훌륭한 자녀를 키우는 것에 대한 필수 조건이다.

마지막으로 시간 제한이 있음을 기억하라. 우리는 언제까지나 부모라는 위치에 있는 것이 아니다. 현재는 자녀들과 힘겨운 시간을 보내고 있지만 이 시기가 지나고 나면 점점 부모로서의 역할이 작아져 가고 부모로서의 영향력이 줄어드는 때가 다가오는 것이다. 그 이후에는 주어진 시간에 자녀들에게 마저 다 채워줄 수 없었던 것에 대해 후회하는 마음이 들게 될 것이다.

이러한 이야기가 예로 들어 보자. 집에서도 쉬지 않고 일을 하는 남자가 있었다. 어린 아들이 다가와 놀아 달라고 하자 "아빠는 지금 바쁘단다. 나중에, 이것 다 끝내고, 그 다음에 아빠랑 놀자."라고 말했다. 그는 끝까지 아들과 놀아주지 않았고 아이는 혼자 시간을 보내며 놀았다.

그 후 세월이 지나 아이가 대학교에서 기숙사 생활을 하게 되었다. 아빠는 은퇴하였고 이제는 아들보다 시간이 더 많이 남게 되었다. 어느 날 아빠가 아들에게 주말에 집에 와서 함께 시간을 보내자고 전화를 했다. 아들은 말했다.

"아버지, 저 지금 바빠요. 시험 준비도 해야 하고 모임도 있고요. 나중에 갈게요."

이것을 가정 안에서의 비극이라고 말할 수 있지 않겠는가? 자녀가 품안에 있는 시간이 얼마나 귀중하고 아름다운 시간인지, 자신이 부모로서의 역할을 잘하고 있는지 다시 한번 생각해 보아야 할 때다. 자녀가 당신의 품을 떠나기까지 시간이 얼마나 남았는지 계산해 보라. 그리고 전에 당신의 자녀와 함께 있을 때 그 시간이 얼마나 빨리 지나갔는지 생각해 보라. 그러면 이제 남은 시간이 얼마나 더 빨리 지나갈지 그리고 지나간 그 시간이 다시 돌아오지 못함을 생각해 보라.

부모의 유형들

자녀를 양육하는 데 있어서 여러 유형의 부모들을 만날 수 있다.

첫째는 완전주의형 부모다. 이 부모들은 완전성을 추구하는 부모들이다. 그래서 항상 자녀들에게 100점을 맞으라고 강요한다. 그런데 자녀가 열심히 공부해서 100점을 맞아 오면 행복해야 할 엄마가 만족하지 못하고 이렇게 말한다.

"100점 맞은 애가 몇 명이나 있어? 너희 반 다 100점 맞았지?"

이런 부모는 항상 만족할 수가 없는 완전주의자이다. 그런 부모 밑에서 자란 자녀들이 얼마나 힘들고 피곤할 것인가는 너무나 당연하다. 성적이 나빠서 자살하고, 점수가 그런 대로 괜찮은데도 엄마 아빠에게 혼이 날까봐 힘들어서 자살하는 아이들의 이야기를 매체를 통해 자주 볼 수 있다.

그런가 하면 어떤 부모들은 그 반대로 상당히 개방주의적이다. 될 대로 되라, 알아서 해라 등 자녀에게 신경을 너무 안 쓰는 경우인데 부모의 무관심 때문에 자녀들이 그대로 방치되기도 한다.

두 번째는 못마땅해 하는 부모와 품어 주는 부모이다. 못마땅해 하는 부모는 자녀가 무엇을 해도, 하지 않아도 못마땅해 한다.

"너는 도대체 왜 그러니? 너는 니 아빠 닮아 이거밖에 안 된다."라며 한 가지 작은 일에도 잘했다 칭찬하고 받아 주는 것이 아니라 뭐든지 다 거부한다. 이런 부모의 눈에는 아이는 언제나 못하고 모자라 보인다. 이런 부모 밑에 자란 아이는 부모의 관심을 얻기 위해서 일부러 이상한 행동을 하기도 한다.

그런가 하면 품어주는 부모가 있다. 있는 모습 그대로 용서하고 받아주며 모든 것을 수용하는 부모들이다.

세 번째는 과잉 보호형 부모와 부실 보호형 부모이다. 과잉 보호는 잘 아는 대로 자녀들을 지나치게 보호하는 것인데 마치 헬리콥터와 같다. 하늘 위에 떠서 항상 땅 아래 상황이 어떤지 살피는 것이다. 자녀가 무엇인가 하려 할 때 기대와 응원의 눈빛보다는 항상 경계의 눈초리로 지켜보며, 조금만 잘못해도 꼼짝 못하게 만들고 엄마 없으면 아무 것도 못하도록 만드는 것이 과잉 보호이다.

부실 보호는 부모가 자녀를 보호하지 않고 그대로 놔두는 것을 말한다. 대체적으로 한국 어머니들은 공부에 관련된 부분들은 과잉 보호이지만 진짜로 중요한 부분들에 있어서는 부실 부모인 것을 종종 보게 된다.

차를 타고 가다가 자주 놀라게 되는 장면은 아이들이 엄마와 함께 앞 좌석에 타고 있는 경우이다. 미국에서는 위법이기 때문이다. 왜냐하면 차가 급정차할 경우 아이들이 앞으로 튀어나갈 수 있어 아주 위험하기 때문이다.

뒷좌석에 앉아서 안전벨트를 하고 있는 아이도 보기 어렵고 심지어는 아이가 뒷좌석에 혼자 누워 있는 것을 보기도 한다. 그 차 안에 부모들이 함께 탔을 텐데……. 그것을 보면서 부모의 믿음이 좋다고 해석해야 되는 건지 모르겠다.

아파트를 지나가다 보면 아이들끼리 롤러 블레이드나 자전거를 타고 차가 있는 길에 무방비 상태로 지나다니는 모습을 자주 볼 수 있다. 그 아이들의 부모들은 어디 있는가? 공부할 때의 과잉 보호와는 사뭇 다른 모습이 아닐 수 없다.

미국에서는 13살 이하의 어린이들이 부모 없는 집에 혼자 방치되면 경찰에 신고하게끔 되어 있다. 그런데 한국은 5살 혹은 6살짜리 아이에게도 "야, 짜장면 시켜 먹어. 엄마 좀 있다 갈게."라는 한 마디로 책임을 다한다. 정말 중요한 부분들은 부실 보호를 하고 정말 중요하지 않은 부분들은 어렸을 때부터 과잉 보호를 하는 것이다. 이것이 문제이다.

그래서 어린 자녀들이 식당에 가서 놀이터에서 하듯 마냥 소리를 질러도 내버려 두는 것이 자녀의 기를 살리는 방법 중 하나라 굳게 믿게 되는 어리석은 신념을 만들어 내는 것이다(그런 기는 죽일 필요가 있다는 것을 잊지 말자).

유명한 자녀 상담 전문가 제임스 답슨은 이렇게 이야기한다. "성질이 강한 아이는 항상 4-5살 전에 그 기를 죽여야 13살 사춘기가 될 때에 그것을 잡을 수가 있다."

그러나 요즘의 부모들은 거꾸로 가고 있다. 부모의 권위가 땅에 떨어지고 있는 것이다. 부모에게 함부로 대하는 자녀들, 그 아이들을 훈계 없이 마냥 받아들이기만 하는 부모들, 식당에서 공공장소에서 무례하게 행동하는 아이들을 엄마가 나무라면 아이들이 엄마를 발로 차는 모습을 종종 볼 수 있다. 그래도 엄마는 "아야." 할 뿐, 돌아서서 다른 일을 본다. 옆에서 보는 사람이 안쓰러울 정도지만 더 우스운 것은 다른 사람이 자녀를 혼내면 우리 아이들을 왜 나무라느냐고 되묻는 것이다.

자식들 싸움이 부모 싸움이 되는 경우는 우리 한국 부모들에게서 자주 볼 수 있다. 아이들이 싸우고 오면 먼저 자기 자녀의 잘못을 바로 잡아주는 것이 옳은데도, 잘 알아보지도 않고 오히려 상대방 자녀가 먼저 잘못했다고 그 아이의 부모와 싸움이 붙는 경우를 종종 보게 된다.

내가 LA에서 교육목사로 있을 때 교회에서 아이들간에 싸움이 생겼었다. 장난감을 서로 자기가 가지고 놀려다가 생긴 문제였고 그것은 물론 종종 일어나는 일이었다. 장난감을 가지고 놀다가 아이들 사이에 서로 가지려는 싸움이 났을 경우, 보통 미국 부모들은 자기 자녀에게 친구와 나누어 함께 놀지 않으면 자기 자녀 것까지 빼앗을 것이라고 가르친다. 한국 부모들의 경우, 자기 자녀가 가지고 있지 않으면 상대편 아이에게 우리 아이가 그것을 갖고 놀게 해달라고 이야기하는 모습을 보았다.

네 번째는 백만 장자형 부모와 구두쇠형 부모이다. 백만 장자형은 자녀가 해달라는 대로 무조건 다 해주는 부모이다. 필요하다면 무슨 수를 써서라도 자녀가 원하는 것은 다 해주려고 하는 부모를 이야기한다. 맛있는 것이 있으면 아이들에게 먼저 준다. "너 먹어라. 엄마는 적게 먹어도 된다." 그러면서 나중에 자식이 커서 잘 안해 주면 "내가 너를 어떻게 키웠는데……." 하며 섭섭해 하는 경우이다.

구두쇠형 부모는 희생하지 않는다. 예를 들어 "야, 너는 커서 많이 먹을 거니까 내가 많이 먹는다."라는 식이다. 이것이 구두쇠형 부모이다.

다섯 번째는 은혜주의형 부모와 율법 시대형 부모이다. 은혜주의형 부모는 자녀들의 잘못을 너그럽게 용서하고 받아주는 부모를 가리키며, 율법 시대형 부모는 "이렇게 하면 안돼, 저렇게 하면 안돼!" 하면서 율법을 잔뜩 만들어 놓는 경우들을 말한다.

여섯 번째는 변화 무쌍의 부모와 영원 불변의 부모가 있다. 변화 무쌍의 부모는 감정적으로 변화가 너무 많은 부모들이다. 다시 말하면 기분이 좋을 때는 "아이고, 내 새끼 너무 예뻐!" 하다가도 조금이라도 기분이 언짢으면 "아이, 저리가!"라고 함부로 대하는 부모를 말한다. 아이는 이 상황 속에서 심하게 갈등한다. 어느 쪽이 엄마의 진짜 모습인지, 어느 순간에는 사랑하는 것처럼 보이다가, 어느 한 순간에는 굉장히 차갑게 느껴져 혼란스러워지게 된다.

영원 불변의 부모는 반대로 꾸준한 사랑을 표현하는 부모를 말한다.

마지막으로는 경건하지 못한 부모와 경건한 부모가 있다. 삶에 있어서 생활의 열매가 경건하지 못한 부모와 경건한 부모를 말한다.

이러한 여러 유형의 부모들 중 당신은 어느 유형의 부모인가?

아버지를 찾습니다!

여기서 특히 생각해 보아야 할 것은 아버지의 역할이다. 요즘 시대를 '아버지 없는 세대' Fatherless Generation 라고 한다. 즉 진정한 아버지가 없는 세대라는 뜻이다.

그래서 흔히 이야기하기를 네 부류의 아버지가 있다고 한다.

첫 번째는 아이들 얼굴조차 보기 힘든, 바쁜 아빠이다.

두 번째는 목에 힘이 많이 들어간 권위주의적인 아빠이다.

세 번째는 약한 아빠이다. "당신이 알아서 해." "엄마한테 물어봐." 라고 하는 연약한 아빠이다.

네 번째가 무관심한 아빠이다. 가정에는 전혀 신경 안 쓰고 밖으로도는 아빠이다.

사실 중요한 것은 자녀를 리더로 만드는 데에 있어서 가장 중요한 역할을 아버지가 해야 한다는 것이다. 엄마의 역할을 표현하자면 사랑이다. 엄마는 어려워하는 관계를 넘어서 받아주는 안식처이지만, 아빠의 위치는 권위를 가지는 역할이다. 왜 그럴까? 가치관의 교육은 아빠에게로부터 이루어지기 때문이다.

그런데 오늘날 가정에 아빠가 없다! 바쁘고 약하며 무관심하고 목에 힘을 주는 어른이 있을 뿐……. 그 말은 우리 자녀들이 아빠로부터 받아야 할 올바른 가치관의 교육을 받지 못하게 된다는 것이다. 엄마의 사랑만으로는 가정을 올바로 이끌어 나갈 수 없다. 물론 아이들의 미래까지도…….

그래서 미국에서는 '약속을 지키는 자' Promise Keeper라는 운동이 시작되었는데, 이것은 백만 명이 넘는 아버지들이 모여 많은 약속을 지키지 못했다는 것에 대해 회개하는 기독교적 운동이다. 약속한 일을 다음으로 미루고, 바쁘다는 핑계와 깜빡 잊어버리는 실수들로 인해 지킬 수 없었던 수많은 약속들을 놓고 아빠들의, 남편들의 회개 운동이 일어났다. 그래서 약속을 지키는 사람이 되자는 것이다.

지금까지 많은 아빠들이 약속을 지키지 못했다. 내 아내와 내 자녀에게 한 약속을 지키지 못한 아빠들 때문에 가치관이 약해진 우리 가정의 모습! 이제는 아빠의 역할이 얼마나 중요한지 다시금 생각해 보아야 할 때가 온 것이다.

제 3 장

부모 리더십

부모 리더십이란?

어떤 시각perspective을 가지고 부모의 역할을 감당하는가에 따라서 그 역할과 내용이 완전히 달라질 수 있다. 할 수 없이, 마지못해 "뉘 집 아이가 어디까지 뭘 했데?" 하면서 그대로 따라가는 것이 아니라, 내 아이의 장래를 바라보며 선택choice하고 영향력을 발휘하는 것, 그 것이 바로 훌륭한 부모의 모습이다. 그러므로 여러분에게 이렇게 이 야기하고 싶다. 당신도 리더이다. 부모는 리더이다!

혹시 "난 리더 아닌데…….", "내가 어떻게 리더가 된다는 말인가?" 하고 생각하는 사람도 있을 것이다. 그러나 부모는 리더이다. 조금 전 언급했듯이 리더에게 가장 중요한 것은 영향력이다. 긍정적인 영향 력을 끼치고 가치를 가르치는 것, 그 중요한 역할을 하는 사람이 바로 부모이다. 그러므로 자신을 부모로만 보지 말고 리더로 생각하라. 한 번 외쳐 보자.

"나는 리더다!"

전쟁 영화를 보면 여러 부류의 장군들이 등장한다. 어떤 장군은 자기 군사들 뒤에 서서 "공격!"을 외치는가 하면, 또 어떤 장군은 나폴레옹처럼 무리 앞에 말을 타고 "나를 따르라!" 하면서 군사를 통솔하는 장군도 있다.

"글래디에이터"Gladiator라는 영화가 있다. 리더십을 공부한 사람으로서 판단할 때 충분히 감동적이고 멋진 리더십을 보여준 영화였다. 그 영화에서 인상적이었던 장면은 주인공 막시무스 장군이 칼을 뽑고 앞을 향해 달려가며 군사를 향해 외치는 장면이었다.

"Stay with me!" (나와 함께 싸우라!)

부모 리더십이 자녀의 장래를 좌우한다!

부모 리더십을 발휘하는 데 있어서 먼저 부모의 마음을 어렵게 하는 것은 리더십에 대한 두려움과 게으름이다. 일부의 부모들은 자녀를 키우는 것도 힘이 드는데 리더까지 돼야 하니 부모의 책임이 너무 크다고 생각할 수 있을 것이다. 또 자신들이 너무나 부족한데 어떻게 리더가 될 수 있겠는가 하고 생각하는 부모도 있다. 심지어 어떤 부모들은 아예 "자신이 없습니다."라고 이야기하기도 한다.

부모의 리더십을 발휘하는 데 있어서 생각해야 할 가장 중요한 부분 중의 하나가 부모의 리더십에 대한 두려움이다. 그러나 기억하자. 리더십은 영향력이라는 것을……. 그리고 부모나 혹은 엄마보다 자녀들에게 더 큰 영향을 주는 역할은 없다고……. 다시 말하면 부모가 리더가 되고 안 되고 하는 것은 선택의 문제가 아니라, 이미 리더가 되었고 리더로서 자녀들에게 엄청난 영향력을 주고 있다는 것을! 다만 우리가 짚고 넘어가야 할 것은 부모의 이러한 역할을 제대로 깨닫고 어떻게 하면 부모가 자녀의 삶과 그들의 인생에 좀더 긍정적적이고 도움이 될 수 있는 좋은 영향력을 의도적으로 끼칠 수 있겠는가이다.

물론 이러한 새로운 인식이 우리에게 부담을 줄 수도 있다. 그것은 너무나도 당연한 일이며 그런 부담이 있는 부모들에게 부모 리더십은 쉬운 것이 아니다. 그러나 현재 우리가 자녀들을 사랑하는 마음으로 고생하고 희생하며 뜨거운 교육열을 가지고 자녀를 위해 뛰고 있다면 그것은 부모 리더십을 발휘하는 데 있어서 보다 더 많은 열매와 더 좋은 결과를 가져올 수 있는 가장 긍정적인 요인이 될 것이다. 그러므로 앞에서 살펴본 것처럼 부모에 관한 패러다임을 새롭게 바꾸는 것이 중요하다.

즉 부모로서라기보다 리더십 멘토로서, 내 자녀가 공부 잘해서 출세하는 것만이 목적이 아니라 참으로 훌륭한 리더가 되어서 주위 사람들에게 긍정적인 영향력을 끼칠 수 있는 사람이 되었으면 좋겠다고 생각하는 것이다. 리더십이 절실히 필요한 이 시대에 어떻게 하면 자녀들의 가능성을 제대로 쓰임 받을 수 있겠는가 생각하는 부모의 모습으로 바뀌어야 한다. 그러므로 부모인 우리는 이 중요한 책임을 부담이 아니라 사랑으로, 기쁨으로 감당해야 한다.

또 한 가지는 나 자신이 이렇게 부족한데 어떻게 부모 리더십까지 감당할 수 있을까 하는 생각이다. 사실 그렇다. 조용히 우리의 삶을 바라볼 때, 우리 자신들이 너무나 부족하다는 것을 인정할 수밖에 없다. 부모로서 역할을 하면서 자주 느끼는 것은 남에게 말하기는 참 쉬운데 정작 자신들에게는 제대로 지켜지지 않는다는 것이다. 우리는 아이들에게 이렇게 충고하곤 한다. "너는 잠시도 가만히 있지 못하니? 꾸준히 앉아서 제대로 공부 좀 해봐라." 그러나 사실 우리 자신도 한번 앉아서 오랫동안 꾸준히 무엇을, 특히 별로 하고 싶지 않은 것을 하기란 쉬운 일이 아니다. 또 "이것은 이렇게 했어야지!" 하고 자녀에게 호통을 칠 때 불쑥 마음속에 '나도 못 그러면서······.'라는 생각이 들 때가 있지 않은가. 이렇게 큰소리를 칠 때마다 나 자신도 이렇게 부족한데 어떻게 이 아이들의 리더십을 키워줄 수 있을까 염려될 때가 있다.

그러나 여러분에게 이렇게 말하고 싶다. 그럼에도 불구하고 우리가 이 모든 역할을 리더십이라는 새로운 관점에서 받아들인다면 완전할 수는 없겠지만 주어진 환경에서 최선을 다하는 훌륭한 부모가 될 것이다.

또 한 가지 중요한 점은 좀더 솔직해질 필요가 있다는 것이다. 부모가 자녀 앞에서 목에 힘을 주어 말할 때 부모가 자신의 부족함을 솔직히 시인하면 대부분 자신들의 권위가 낮아진다고 생각하는데 사실은 그것과 정반대이다.

우리 문화는 대체적으로 잘못을 시인하거나 용서를 잘하지 않는다. 혼잡한 지하철이나 백화점에서 사람들과 지나치며 부딪쳐도 제대로 미안하다고 하는 사람이 별로 없다. 이렇게 부딪치고 저렇게 스쳐가지만 실례한다고 말하는 사람은 지극히 적다. 작은 것에도 "I am sorry."(아이 엠 쏘리)를 연발하는 서양 문화와는 매우 대조적인 모습이다.

이렇게 작게라도 미안함을 표현하는 데 익숙하지 않은 문화 속에서 자라 온 우리 부모들이 자녀들 앞에서 자신의 잘못을 인정한다는 것이 얼마나 힘들지 생각해 본다. 그러나 진정한 부모의 권위는 솔직할 때 이루어진다. 우리가 자녀들에게 자신의 부족한 부분들을 인정할 수 있을 때 자녀들도 그것을 배워간다.

어린 아이들은 아빠를 슈퍼맨으로 여긴다. 그래서 하나님 다음이 아빠다. 그러다가 시간이 점점 흐르면서 그것이 사실이 아니라는 것을 깨닫게 된다. 그럴 때 우리는 어떻게 하겠는가? 여전히 목에 힘을 주겠는가? 부모가 자녀에게 솔직하게 자신들의 부족함을 인정하고 "나는 여기까지이다.", "부족하지만 엄마의 마음은, 아빠의 마음은 이렇다."는 고백이 솔직하게 나올 때, 우리 아이들도 좀더 솔직한 생각들을 갖게 된다. 우리 자신이 비록 완전하지는 않지만 최선을 다해서 솔직하게 자녀와 대화할 때, 자녀들이 부모의 부족한 부분들을 이해하고 오히려 더 도와준다.

그러므로 이렇게 정리하고 싶다. 모두에게 두려움이 있을 수 있고 부족함이 있는 것도 사실이다. 그러나 힘을 내자. 하나님이 이끌어 주시고 또 사랑하는 자녀를 위해서 최선을 다하고 확신 가운데 자신감을 가지고 나갈 때 부모의 리더십은 멋지게 발휘되는 것이다!

1992년도 여름, 스페인 올림픽에서 있었던 아주 유명한 일화가 하나 있다. 400미터 경주에 데릭 레드맨이라는 영국 선수가 출전했다. 이 사람의 별명은 기적의 사람 miracle boy이었다. 왜냐하면 워낙 많이 다친 경력을 가지고 있는 데다 경기에 도저히 임할 수 없는 상태에 이르렀을 때도 경기에 참가했기 때문이다. 이 올림픽 경기에 임하기까지 그는 물렁뼈와 다리 신경을 22군데나 수술해야 했다. 그런 데릭이 또 경기에 참가하게 되었다. 드디어 경기가 시작되었다. 그런데 데릭 레드맨이 뛰다가 갑자기 다리를 움켜 잡고 굴렀다. 모든 사람들은 '아, 그가 다쳤구나!' 라고 알아차렸다. 촬영하던 카메라맨은 데릭을 제쳐두고 1등으로 뛰는 사람을 비추기 시작했다. 1등한 사람을 화면에 비추고 경기는 끝을 맺었다.

경기가 끝난 이후 쓰러져 있던 레드맨에게 다시 카메라가 돌아갔고 전 국민들은 놀라운 장면을 생생하게 볼 수 있었다. 아들을 지켜보던 레드맨의 아버지가 경기장으로 뛰어들어와 경비원들을 뿌리치고, 쓰러져서 뛰지 못하는 아들에게 다가가 아들의 어깨에 아주 가볍게 손을 얹었다.

그 아버지는 정말 아들과 함께 고통을 나눈 아버지였다. 아들이 일어서서 몇 발작 가다가 뒤를 돌아보면서 자기 어깨에 손을 얹은 아버지의 품에 꽉 안기어 울음을 터트리고 엉엉 울기 시작했고, 아버지는 그 아들에게 무슨 말을 해주었다. 아버지의 말을 들은 아들이 고개를 끄덕끄덕하더니 아버지와 함께 마지막 결승선까지 같이 걸어갔다. 이것으로 경기는 끝이 났다. 그 후 그 사건은 사람들의 굉장한 반응을 얻게 되었다.

아버지는 아들에게 무슨 말을 했을까?

얼마 후 그것이 크게 발표되었다.

"아들아, 우리가 같이 시작했으니 같이 끝내는 거야."

부모가 리더다! 사랑하는 여러분의 자녀에게 단순한 부모가 아니라 리더가 되어 주어야 하지 않겠는가? 여러분의 자녀가 정말 하나님이 주신 모든 잠재력을, 은사를, 그 무한한 가능성을 필요로 하는 이 시대를 향하여 마음껏 발휘할 수 있도록, 그래서 멋지고 훌륭한 리더가 되도록 돕고 키우는 중요한 역할을 감당하는 리더로서 새로운 부모의 모습을 찾고 싶지 않은가?

여러분이 바로 그 리더들이다!

제 3 부

부모 리더십 7원칙

부모 리더십 제1원칙 _ 카메라의 원칙
부모 리더십 제2원칙 _ 카멜레온의 원칙
부모 리더십 제3원칙 _ 서울 구경의 원칙
부모 리더십 제4원칙 _ 시계의 원칙
부모 리더십 제5원칙 _ 사과씨의 원칙
부모 리더십 제6원칙 _ 붕어빵의 원칙
부모 리더십 제7원칙 _ 안경 렌즈의 원칙

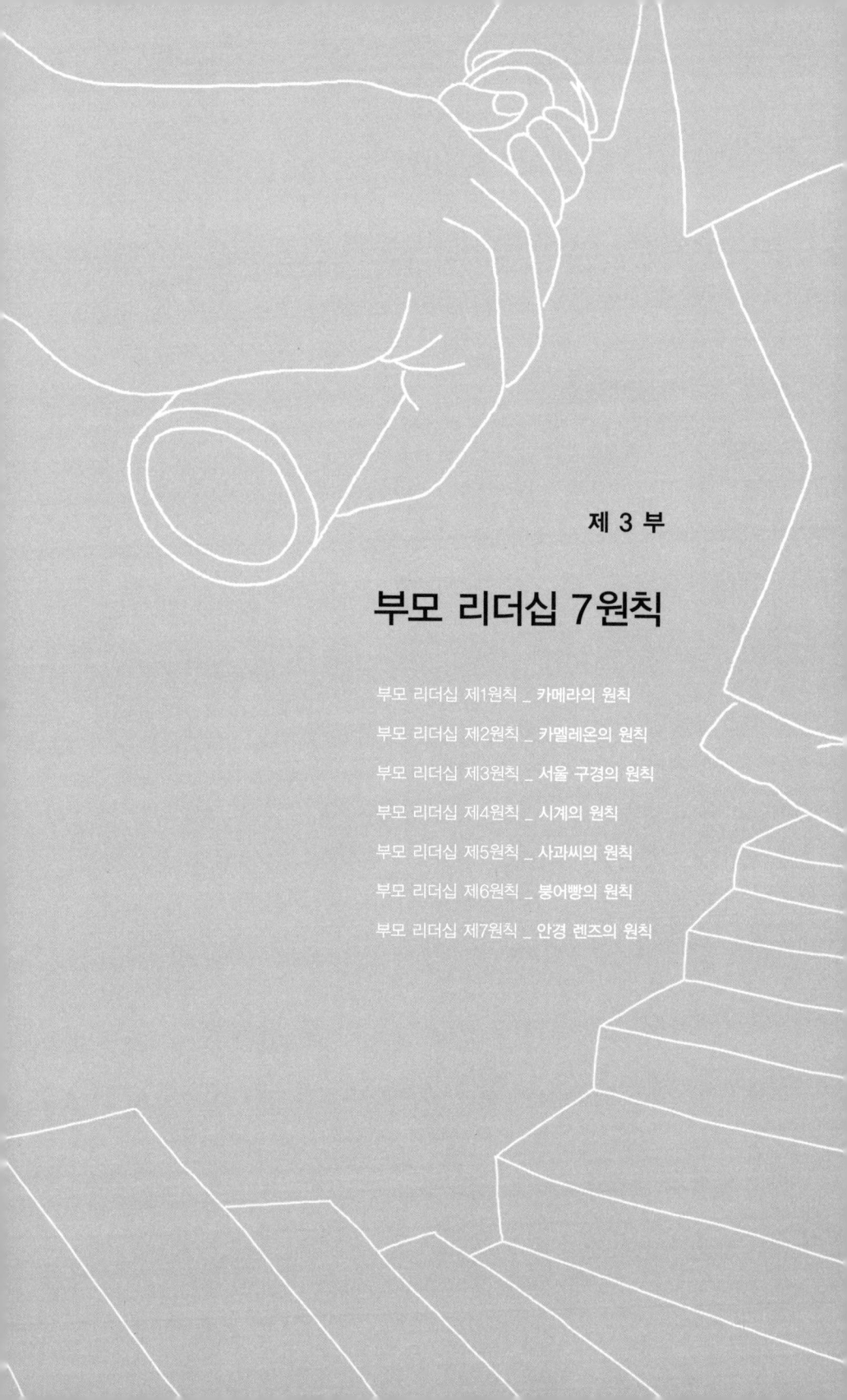

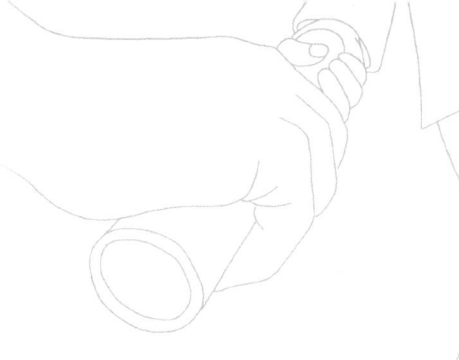

부모 리더십 제1원칙

카메라의 원칙

카메라의 원칙

사진을 찍는 사람들은 늘 어떤 것을 보든지 사진 찍을 기회로 바라본다.

이발사들은 항상 머리를 먼저 본다. 구두를 닦는 사람들은 구두를 먼저 보게 된다.

LA에서 목회를 하는 동안 한 집사님이 마주칠 때마다 "목사님, 여기 뭐가 묻었네요. 저기가 구겨졌네요."라고 말하는 것을 보고, '이분이 굉장히 까다롭구나. 그리고 나를 싫어 하나 보다.' 라고 생각했었다. 나중에 알고 보니 그분은 세탁소를 경영하시는 분이었다.

그때서야 그분의 행동이 이해가 되었고, 나중에 그분은 "목사님, 직업은 속일 수가 없어요. 딱 보면 셔츠에 묻은 더러운 것부터 먼저 보입니다."라고 이야기했다.

누구나 다 관심사가 있기 마련이다. 어떤 것이 내 관심사가 된다면 그것을 가장 먼저 보게 된다. 리더인 부모는 무엇을 보아야 하는가? 자녀의 리더십을 키울 수 있는 리더십의 기회를 바라보아야 한다. 이것이 바로 '리더의 눈' leadership eyes이다.

여러 가지 긍정적이거나 부정적인 상황과 형편에서도 이러한 과정들을 통해서 어떻게 자녀에게 리더십에 관련된 중요한 성품과 기술과 가치를 가르칠 수 있을까 생각하고 바라보는 것이 바로 리더십의 눈이라는 것이다.

사진을 찍는 것도 마찬가지가 아닌가. 좋은 장소와 배경을 보고 사진 찍기에 적당한 상황이 될 때 사진을 찍게 되는 것인데 사진 작가는 지극히 평범한 모습에서 특별한 기회를 포착하여 사진의 작품성을 개발하는 것이다.

내 자녀와 우리 가정에, 나의 삶 가운데 사건이나 환경이나 만나는 사람들을 통한 여러 영향권들이 있으며 그 모든 과정들을 주관하신 분이 하나님이시다.

그런 사건과 만나는 사람과 환경이 비록 우리에게 실패가 되고 고난이 된다 할지라도 그 환경과 상황과 사람들을 통해서 하나님께서 우리에게 축복하시고자 하는 가장 훌륭한 영혼의 레슨들이 거기에 숨어 있다는 것을 발견해야 한다.

그것들을 볼 수 있는 리더십의 눈, 그것이 바로 카메라의 원칙이다.

리더는 어떻게 리더가 되는가

리더가 어떻게 리더가 되는가를 이해하지 않고서는 우리 자녀들을 리더로 만들 수가 없다.

로버트 클린톤은 리더가 되는 데에는 3가지 중요한 요소가 필요하다고 말한다.

첫째는 영향권process items이다. 리더가 되기까지 리더에게 영향을 끼친 사건이나 사람이나 환경을 이야기한다.

둘째는 그것에 대한 반응response이다.

셋째는 시간time이다.

리더가 되는 과정은 우리의 삶 가운데 어떤 사건이나 사람이나 환경을 통해서 그 영향권들이 우리 삶에 가까이올 때 그것에 대한 반응의 과정들이 반복되면서 리더십이 형성된다는 이론이다. 우리는 이것을 '리더 등장론'이라고 표현하기도 한다.

영향을 끼친 사람과 사건과 환경에서 나오는 영향권 안에서 자신과의 반응이 계속해서 반복되어 돌아가는 가운데 시간이 지나면서 성품이 발달되고 리더십 기술이 발달되고 리더십의 가치가 성장된다는 것이다.

여기서 생각해야 할 것은 그 영향권들이 좋은 영향권일 수도 있지만 좋지 않은 영향권일 수도 있다는 것이다. 그것이 상처가 될 수도 있고 나쁜 경험이 될 수도 있다. 항상 좋은 영향권만 맞아들일 수는 없다.

또한 그런 영향권들에 대한 반응 면에서 보았을 때도 항상 옳은 반응만 있는 것은 아니다. 잘못된 반응을 할 때도 있다는 것이다.

여러분 자신도 여러분의 리더십 형성 과정을 한번 생각해 보기 바란다. 내 삶 가운데 내가 자라면서 가정 환경이나 만난 사람들이나 여러 인생의 사건들이 긍정적이기도 하고 부정적이기도 했을 것이다. 그때마다 나는 어떻게 대처하여 성장했는가?

좋은 환경에서 잘못된 반응을 보이는 경우도 있었을 것이고, 나쁜 환경 가운데서도 좋은 반응으로 더 새롭고 긍정적인 결과를 가져온 경우들도 있었을 것이다.

카메라의 원칙들

그러므로 어떤 특별한 환경이 리더가 되는 데에 있어서 플러스 요인은 아니다. 그렇지 않다면 모든 훌륭한 리더는 실패를 모르는 훌륭한 가문에서만 나왔어야 할 것이다.

그것보다 더욱 중요한 것은 우리가 어떤 시각을 가지고 그 상황과 사건과 환경에 접근하는가에 따라서 훌륭한 리더십 개발의 기회가 될 수도 있고 그렇지 않을 수도 있다.

그러므로 엄마 아빠가 못해줘서 자녀가 잘못된 길로 빠지는 것이 아니다. 엄마 아빠가 잘 못해줘서가 아니라 엄마 아빠가 어떤 생각과 시각을 가지고 자녀들의 교육에 접근하는가가 더 중요한 관점이 되는 것이다.

1858년 뉴욕의 한 가정에서 아이가 태어났다. 그 아이는 소아마비를 앓아서 다리를 절었고 시력도 극도로 나빴다. 게다가 천식으로 인한 호흡 곤란 때문에 바로 앞에 있는 촛불도 끌 힘이 없었다. 가까스로 생명을 연장하여 드디어 11살이 되던 날, 아버지는 아이에게 이러한 말을 해주었다.

"사랑하는 아들아, 네가 가진 장애는 장애가 아니란다. 네가 만일 오늘 전능하신 하나님을 참으로 신뢰한다면, 그리고 하나님의 도우심이 너와 함께 한다면, 오히려 너의 장애로 인해 모든 사람이 너를 주목할 것이고 너는 진실로 역사에 신화 같은 기적을 남기는 놀라운 삶을 살 수 있단다."

그 후 그는 23세가 되던 해에 뉴욕 주를 대표하는 의회의 의원이 되었고, 28세에 뉴욕 시장에 당선되었고, 주지사가 되고 부통령을 거쳐서 미국 역사상 가장 어두웠던 시절 새로운 미국의 신화를 장식했던 유명한 대통령이 되었고 노벨평화상까지 탔다. 그 사람이 바로 테오도르 루스벨트 대통령이다.

우리 주위에도 얼마든지 그런 사람들은 있을 수 있다. 그러므로 환경을 탓하지 말라. 중요한 것은 리더십의 시각이다. 아니 오히려 진정한 리더는 환경이 나쁠 때 더 훌륭한 기회를 갖게 된다. 그것은 왜인가? 위기가 올 때 변화가 더 쉽게 되기 때문이다.

사실 성공이 계속되면 배움의 기회가 적어진다. 그러나 실패가 있을 때 그 실패는 아주 좋은 배움과 반성, 자아 성찰의 기회가 되기 때문에 성공적인 실패는 더 좋은 기회를 제공하는 축복의 통로인 것이다.

자녀에게 좋은 일이 있을 수도 있지만, 때로는 어려움을 당할 때도 있다. 왕따를 당할 수도 있고 시험을 못 볼 수도 있다. 자녀에게 닥친 그 어려움의 과정들을 보면서 이 아이에게 내가 가르칠 수 있는, 전해 줄 수 있는 리더십의 교훈이 무엇일까 생각하는 것이 절실히 필요하다.

사실 아이들이 초등학교 저학년일 때만 해도 부모의 마음에는 여유가 있다. 아직까지는 아이가 자신의 손 안에서 움직인다는 자신감이 어느 정도는 있게 마련이다.

그런데 아이가 4학년, 5학년, 6학년이 되면서 조금씩 튕겨 나가기 시작한다. '어? 사춘기가 일찍 오네.'라고 생각하던 어느 날 갑자기 이 아이가 자신의 의견을 강력히 주장하게 되면 그때부터 '어머나! 큰일 났네! 애가 아주 문제아가 됐어. 어떻하면 좋아?' 하며 문제에 대해서 답을 얻으려고 이곳저곳 사문을 구하러 다니는 경우를 많이 보게 된다.

가만히 생각해 보면 우리 자녀들이 초등학생 때만 해도 부모의 말을 잘 듣는 편이고 또 엄마와 보내는 시간이 많아서 대화를 나누는 시간이 잦다. 그래서 리더십의 눈을 가지고 아이들을 이끌어주기가 쉽다. 한마디로 카메라로 사진을 찍기가 수월하다는 것이다. 그러나 중고등학생이 되면 엄마 아빠나 가족보다는 오히려 친구 쪽으로 더 마음이 가게 된다.

집사님 한 분이 나에게 상담을 요청했다.

"목사님, 우리 애가 저를 싫어해요."

"아니, 무슨 말씀입니까?"

이야기를 들어보니 집사님은 아이를 항상 학교까지 차로 데려다주었는데 어느 날 갑자기 아이가, "아빠! 학교 앞까지 가지 말고 저 밑에서 내려주세요. 나 걸어 갈래요." 했다고 한다. 그 말에 집사님은 충격을 받았다. '이 아이가 나를 싫어 하는구나.' 라고 느낀 것이다.

어찌 보면 이것은 너무나 당연한 이야기이다. 이 아이에게는 아빠랑 같이 있다는 것 자체가 자기 친구들한테는 창피한 일이 되는, 그런 시기가 지금 오고 있는 것이다. 다시 말하면 이 시기의 아이들은 부모나 가족과 함께하는 근사한 외식보다는 오히려 친구와 김밥 먹는 게 낫다고 생각한다.

그럴 땐 리더십의 눈으로 사진을 찍을 시간이 별로 없다. 그렇게 되면 어떻게 되는가? 중고등학생일 경우에는 사진을 찍을 때 더 신경을 써야 된다. 그들을 대할 때는 항상 대화의 창을 열어야 한다. 초등학생 시절에는 대화의 창이 항상 열려 있다. 안 열리면 두드리라. 그러면 열어주기 마련이다. 그런데 중고등부가 되면 두드려도 안 열어준다.

"오늘 어땠니?"

"됐어요."

"백화점에 가서 좋았니?"

"몰라요. 피곤해요."

이와 같이 깊은 대화를 할 수 없게 된다. 두드려도 안 열어주고 어디 같이 가려고 혹은 같이 있으려고 해도 그러려고 하질 않는다. 어느 TV 광고처럼 마음의 창을 열면 대화의 문이 열린다지만 마음의 창이 그렇게 쉽게 열리지 않는다는 것이 문제다.

중고등학생 때는 마음의 창이 열리기는 열리는데 자기 마음대로 열고 싶을 때 열리는 것이다.

그러니까 초등학교 때는 두드리면 열렸고 닫혀 있어도 열고 들어가려고 노력만 하면 결국에는 열어주는데 중고등학생일 때는 그렇게 하다가는 문전 박대를 당하기 마련이다. 또한 그들의 마음은 한번 닫히면 한동안 열려지지 않는다. 그럴 때 부모는 마음에 상처를 입는다. '왜 나를 싫어하나?' 라고 생각한다. 그러나 그렇지 않다.

중 고등학교의 자녀들에겐 마음의 문이 자기 마음 내키는 대로 열렸다 닫혔다 하는데 그때는 부모가 거기에 맞춰서 따라다녀야 한다. 그러다가 마음의 창이 열릴 때 '찰칵' 찍어야 한다.

그런데 문제는 우리의 자녀들이 중고등학교를 지날 때쯤 되면 부모 역시 제2의 사춘기를 겪는다는 것이다. 부모도 또한 변화의 때를 맞이하여 여러 가지 정신적 혼란과 스트레스와 어려움을 맞이하면서 두 번째 사춘기를 겪는다.

30대 후반과 40대에 접어들면서 갖게 되는 감정의 혼란과 직장의 변화들, 외롭고 괴로운 가운데 다시 한번 홀로서기를 바라보며 큰 도약을 시도할 때 자녀도 제1의 사춘기를 부모의 제2의 사춘기와 함께 경험하게 된다.

그러는 가운데 자녀가 마음의 문을 열게 되더라도 부모는 자기가 힘들기 때문에 부정적인 표현과 방법으로 다가가게 된다. 그럴 때 자녀의 마음의 문은 다시 닫혀져서 아주 긴 시간 동안 마음의 문을 잠그게 된다.

긴 시간 끝에 열린 마음에 대하여 준비되지 못한 부모의 부정적인 반응의 반복은 자녀로 하여금 엄마 아빠가 자신에게 관심이 없으며 자신의 이야기를 듣지 않고 자신을 이해하지 못한다고 생각하게 되고 결국 그 생각을 넘어서 자신을 사랑하지 않는다고 결정 짓고 만들게 한다.

그렇기 때문에 사진을 잘 찍기 위한 기회 포착은 때와 장소가 매우 중요하다. 그 때와 장소가 바로 리더를 리더 되게 만드는 하나님이 주신 소중한 기회이기 때문이다.

그 다음엔 현상을 같이 해야 한다. 어떤 중요한 사건과 영향권이 일어났을 때, 사진 현상을 같이 해야 되는데 이것은 부모와 자녀가 함께 이야기할 필요가 있음을 뜻한다. 많은 경우에 '왜? 너 왜 그렇게 생각하니?' 라는 질문을 던져 봐야 한다. 우리는 많은 경우에 "왜?"라는 질문은 하지 않는다.

그것보다는 "무엇인가?"라는 질문을 더 좋아한다. 아예 어떤 사건에 대해 "이것은 이렇게 하는 거야."라고 정답을 말해 버린다. 우리 자녀들과 대화할 때 많은 부모들은 이미 정답과 그에 대한 설교를 준비하고 있다.

한두 마디만 들어도 자녀가 무슨 말을 할 것인지 다 안다고 판단하고 그 다음부터는 제대로 듣지도 않는다. 대화의 중간쯤 되면 부모는 이미 머릿속에 있는 멋진 설교문의 준비를 다 마치고 설교할 기회만을 찾게 된다.

현상을 같이 한다는 것은 문제의식을 갖도록, 그리고 생각할 수 있도록 "왜?"라는 질문을 계속적으로 던지는 것이다. 그러면서 그 영향권에서 일어나는 사건과 환경들에 대해 함께 대화를 통해서 의견을 나누고 또 그런 부분들을 통해서 아이가 혼자 생각하고 판단할 수 있는 쪽으로 인도해 주어야 한다.

아브라함 링컨은 학교를 9개월밖에 다니지 못했다. 그리고 미국 역사상 아브라함 링컨처럼 낙방을 자주한 사람도 드물다. 국회의원 선거에서 그의 낙방은 계속되었고 선거를 치를 때마다 떨어지기 일쑤였다.

그런데 지금도 미국 사람들에게 설문조사를 해보면 미국의 모든 대통령 중에 가장 훌륭한 대통령으로 아브라함 링컨을 뽑는 것을 볼 수 있다. 그는 굉장히 가난한 집안에서 자랐고 학교도 9개월밖에 다니지 못했지만 그에게는 훌륭한 어머니, 낸시 여사가 있었다.

하나님은 링컨에게 리더가 될 만한 환경을 아무것도 주시지 않았다. 다만 링컨에게는 남들이 가지지 않은 두 가지가 있었는데, 그것은 가난과 신앙이 있는 어머니였다.

낸시 여사는 링컨을 데리고 어렵게 살면서 아들의 삶에서 사진 찍는 일을 계속했다. 그리고 현상을 같이 한 것이다. 링컨의 올바른 가치관과 세계관이 정립되고 후에 중요한 일들을 감당하는 아주 훌륭한 대통령이 된 것은 어머니 낸시의 리더십의 카메라 원칙에 있었던 것이다!

그러므로 우리 자녀들에게도 항상 사진기를 가지고 다니게 하라. 즉 문제의식을 갖게 하라는 것이다. 우리 교육의 문제는 이미 주어진 문제에 생각 없이 정답만을 원하는 데에 있다.

문제의식을 갖게 하기 위해서는 스스로 생각할 수 있는 능력을 키워줘야 한다. 생각할 수 있는 능력은 어렸을 때부터 부모와 함께 대화를 통해서 사건의 사진들을 함께 찍고 현상을 하면서 사건과 환경, 이런저런 사람들과의 대화와 모든 만남의 영향권에서 배워나갈 때 생길 수 있다.

  자녀에게 항상 사진기를 갖고 다니는 법을 가르쳐라. 그러면 자녀는 부모가 없을 때도 항상 어디가든지 배움을 보게 된다.

부모 리더십 제2원칙

카멜레온의 원칙

카멜레온의 원칙

카멜레온은 자신이 처한 상황과 배경에 따라 자기의 색깔을 바꾸어 자신을 배경과 동화시켜 스스로를 보호하는 파충류이다.

그래서 두 번째 원칙은 카멜레온의 원칙이라 부르겠다. 이 원칙의 요지는 부모의 리더십이 자녀의 성장 과정에 따라 시기적으로 그 역할을 달리 해야 한다는 것이다. 초등학교 입학 전에는 부모가 의사의 역할을 해야 하고, 초등학교 때는 여행 안내자의 역할로 바뀐다. 중고등학교 때는 코치가 되어야 하고 대학교 이후에는 친구의 역할을 감당해야 한다.

이처럼 자녀의 성장 과정과 필요에 따라 변화되어야 하는 부모 리더십의 역할을 알아보자.

소아과 의사

자녀가 초등학교에 입학하기 전 부모의 역할은 의사이다. 아이들이 아파서 병원에 가면 훌륭한 소아과 의사는 아이의 모든 것을 검사한다. 아픔을 호소하는 부위뿐만 아니라 모든 곳을 한번씩 점검해보고 검사를 마친 다음 진단을 내리게 된다. 다시 말하면 병에 관련된 환자의 가장 기본적인 모든 증상에 책임을 지는 것이 의사이다.

마찬가지로 미취학 전의 자녀들을 볼 때 부모의 역할은 마치 의사처럼 꼼꼼하게 아이의 영적, 신체적, 감정적 필요들을 다 채워줄 수 있는 소아과 의사와 같은 역할을 해야 된다는 것이다.

여행 안내자

자녀가 초등학교에 들어간 다음에는 부모 리더십이 여행 안내자의 역할로 바뀌어야 한다. 여행 안내자와 여행사 직원과는 다르다. 여행사 직원은 여행을 가기 위한 준비 과정을 도와줄 뿐이지만 여행 안내자는 직접 여행지 곳곳을 인도해 가는 것이다.

자녀들이 초등학생일 때 가장 중요한 것은 중요한 원칙들을 가르치는 것이다. 인생을 살면서 꼭 갖추어야 할 성품과 가치관을 분별하고 습득하는 기간이 바로 이 시점이다. 이 시기가 지나면 올바른 가치관의 자연스러운 습득은 점점 더 어려워진다. 그러므로 부모가 여행 안내자처럼 같이 시간을 보내며 자녀들의 성장을 위한 인생 여행의 중요한 가치를 가르쳐주는 여행 안내자의 역할을 감당해야만 한다.

코치

자녀가 중고등학생이 되면 부모의 역할은 코치coach이다. 쉽게 말해 축구 감독을 생각하면 된다.

우리 자녀들은 인생의 시합에 들어가 있다. 이때 코치가 이미 경기 중에 있는 선수들을 불러내 가지고 다시 경기 원칙을 가르치며 "이것은 이렇게 하는 거야."라고 가르칠 수 있는 시기가 아니라는 것이다. 이때는 앞서 언급한 것처럼 선수들의 마음의 창이 열릴 때 지혜롭게 중요한 점을 뽑아서 잠깐 휴식하는 동안에 "이것이 너에게 도움이 되길 바란다." 하고 이야기해 줄 수 있는 역할, 그것이 바로 코치의 역할이다.

비록 자녀들이 마음에 들지 않는 경기를 하고 있다고 해도 부모가 할 수 있는 것들이 제한되어 있는 안타까운 시기이다. 그러므로 이때는 한꺼번에 많은 것을 전수하려고 하는 것보다 전반전 끝나는 휴식 시간을 이용해 꼭 필요한 내용을 가지고 짧지만 깊은 영향을 끼치는 것이 중요하다.

친구

자녀의 대학교 이후 시절에 부모는 친구의 역할을 해야 한다. 서로 나누면서 부모 자식이 아니라 오히려 친구처럼 좋은 교제가 되어야 한다. 지나간 시간들을 생각해 보며 이제는 서로를 더 잘 이해하고 그리워하고 사랑하는 관계로 성장할 수 있다. 동등한 인격체로서 서로 존중해 줄 때 친구처럼 귀한 관계가 된다.

카멜레온의 원칙

이러한 과정에서 우리가 이해해야 하는 가장 중요한 사실은 카멜레온의 색깔이 변하는 것처럼 자녀가 성장해감에 따라서 부모의 역할이 바뀌어져야 한다는 사실이다.

그런데 그것을 모르고 중고등학생 자녀들에게 여전히 규칙rule을 가르쳐주려고 설교만 한다면 좋은 관계가 결코 이루어질 수 없다는 것이다. 그러므로 자녀들이 성장하는 과정에 따라서 부모의 리더십 스타일이 바뀌어져야 된다는 사실을 깨닫는 것이 바로 카멜레온의 원칙이다.

당신은 현재 자녀에게 어떤 역할로 다가가고 있는가? 우리는 마치 자녀들이 전혀 성장하지 않고 현재의 모습으로 그 자리에 계속 남아 있을 것같이 대하고 가르친 적이 얼마나 많은지 모르겠다. 자녀들은 계속 성장하고 또 성숙해 가고 있다. 과연 우리는 자녀의 성장 단계와 필요에 맞는 역할을 적절히 감당하고 있는가?

또한 자녀의 성장에 따른 부모 리더십의 변화를 위해서는 궁극적으로 자녀들을 떠나보낼 수 있는 준비가 되어야 한다. 다시 말하면 자녀 교육의 마지막은 자녀를 떠나보내는 것이라는 사실을 염두에 두고 자녀를 양육해야 한다.

자녀들이 항상 곁에 있을 것이라고 생각하는 부모들이 있다. 자녀를 떠나보내지 못하는 부모는 자녀를 떠나보내면 아예 관계가 끊어지는 것이라 생각하기도 한다. 자녀들을 부모의 소유라고 생각하고 그들을 평생 가르치고 다스려야 한다고 믿는다. 그들은 자녀들이 부모에게 효도의 빚을 지고 있으며 부모가 없으면 아무것도 못한다고 생각한다. 하지만 결코 그렇지 않다는 것을 이내 알게 된다.

대체로 한국에서는 고부간의 갈등이 심하다. 다시 말하면 며느리와 시어머니의 관계가 별로 안 좋다는 것인데 미국은 그 반대이다. 미국에서는 친정 어머니와 사위의 관계가 나쁘다. 미국 영화를 보면 사위가 아내의 친정 어머니에 대해서 참견이 심하다고 불평하면서 부부 둘 사이의 관계가 안 좋은 것을 보게 된다. 아주 재미있지 않은가? 그런 모습들을 보면서 문화적인 차이가 있다고 보는데 가장 중요한 부분은 한국 부모들이 떠나보내지 못하는 경우는 특히 자녀가 아들일 경우에 더 힘들다는 점이다.

TV 연속극에서 이런 장면을 본 기억이 있다. 아들이 선을 보러 나갔는데 선을 보러 나간 곳에서 여자와 밥을 먹으러 식당에 가서 자기 엄마한테 전화를 했다. "엄마! 나 지금 밥 먹으러 왔는데 뭐 시킬까?"라고 물었고, 결국 선을 보는 여자에게 퇴짜를 받는 장면이었다.

한번은 연세 70이 넘는 권사님들만 200여 명이 모인 수양회를 인도한 적이 있다. 90이 넘은 권사님도 계시는 그 권사회에서는 가장 연소한 권사님이 70이셨다. 수양회 마지막 밤 아브라함과 이삭의 이야기를 하며 하나님보다 더 중요하고 귀하게 여기는 것을 하나님께 드려야 함을 설교했다. 그 후 간증 집회에서 무엇을 하나님께 드렸나 나와서 간증하시라고 했다. 그때 정말 놀란 것은 연세가 70 혹은 80이 되셔도 그들의 가장 큰 우상은 '아들'이라는 것이었다.

그러면 어떻게 우리 자녀를 떠나보낼 것인가? 함께 생각해 보고 싶다. 떠나보냄은 아이가 태어나면서 시작되는 과정이다. 그러므로 평소에 책임감과 독립심을 격려하며 가르쳐야 한다. 스스로 할 수 있는 일을 대신해 주어서는 안 된다. 요즘 우리 자녀들은 너무 엄마가 다 해주는 것 같다. 무엇이든지 자녀가 스스로 할 수 있도록 돕기보다는 엄마가 다 해주고 그 시간 아껴서 더 공부하기 바라는 요즘 엄마의 마음이 있는 것이다.

우리집 큰아이에게 경제 관념에 대해 가르쳤다. 그래서 빨래를 개거나 설거지를 도우면 200원씩, 500원씩 이렇게 그에 합당한 돈을 주었다.

그렇게 용돈을 주고 난 후에 큰아이가 나를 얼마나 괴롭게 하는지 모른다. 식당에 가거나 쇼핑을 하러 가면 돈을 쓸 때마다 "아빠, 이거 얼마예요?"라고 묻는 것이었다. 그러면서 이것은 비싸네, 싸네, 이것은 내가 지금까지 저금한 돈으로 살 수 있겠네, 못 사겠네 등을 계속해서 생각하고 있는 것을 보았다. 또 '내가 땀흘려서 번 돈'이라는 개념이 있으니까 소비에 대해 관심을 갖고 책임 의식을 느끼며 주인 의식을 갖게 된 것이다.

그 다음에 감시와 지시의 끈을 의식적으로 점점 느슨하게 한다. 떠나보냄은 때로는 대담한 용기를 필요로 한다. 떠나보냄은 돌보지 않겠다는 것이 아니라 자녀 스스로 성숙하고 배우도록 돕는 것이다. 자녀를 신뢰하는 것을 연습해야 한다. 어떤 부모는 자녀를 신뢰하기가 어렵다고 할지 모르겠다. 그래서 연습이 필요한 것이다. 또한 부모 자신도 개인적으로 성장을 추구해야 한다. 독립은 상호적인 것이다. 자녀들이 부모를 의존하였다면 이제는 하나님을 의존하도록 도와 주어야 한다.

부모들이 이러한 부분들을 준비하여 떠나보내지 못하고 준비 없이 떠나보낸 후에 문제가 되는 것을 본다. 곧, '빈 둥지 증후군' empty nest syndrome이라는 것이다. 자녀들을 키워서 다 떠나보내고 나니 모든 게 다 텅 빈 것 같고 부모(엄마)의 인생의 목적과 목표가 다 없어져 버린 것 같고, 허전한 삶의 시간을 어떻게 보내야 할지 모르는 그런 경우인 것이다.

마지막으로 시간은 빨리 지나간다는 사실을 잊지 말라. 지금 여러분의 자녀가 여러분의 품안에 얼마나 오랫동안 있을 것이라고 생각하는가? 지금부터 불과 몇년 안에 자녀들을 보면서 '벌써 이렇게 컸구나! 이제 어느덧 내 품을 떠나갈 때가 되었구나!' 라고 느끼게 될 것이다. 그런데 그때, 떠나간다 할 때, 떠나보낼 준비를 시작한다면 이미 늦어버렸다는 말이다.

지금 부모가 가르치는 교육의 현장에서부터 떠나보냄의 큰 그림을 그리면서 시기적으로 바뀌어야 하는 부모 리더십의 카멜레온의 원칙과 그 준비와 훈련을 잘 연결시켜야 한다는 것이다. 떠나보내어 그들이 부모 없이도 바로 서서 잘할 수 있도록 돕기 위한 것이 부모의 역할이지 않은가. 그러므로 이 떠나보내는 것을 미리 준비하는 부모가 지혜로운 리더십을 발휘하는 것이다.

딸을 대학교 기숙사로 떠나보내는 한 엄마의 편지다.

소연이에게

사랑하는 딸 소연아, 너를 낳은지가 엊그제 같은데 어느덧 자라 성인의 문턱에 서 있는 너를 보니 세월의 빠름을 새삼 느낀다. 건강하게 바르게 예쁘게 자라준 네가 얼마나 대견스러운지 모르겠다. 하나님께 감사드린다. 너를 가졌을 때부터 엄마는 기도하였지. 하나님이 보호하신다는 이름을 택하여 지어 주었고 주 안에서 자라길 기도했지.

네가 아플 때는 더 간절히 기도해 왔다. 특히 네가 척추수술을 받았을 때 얼마나 간절히 기도를 드렸었는지……. 그 모든 성장기를 지나 이제는 네가 내 곁을 떠나야 할 때가 왔구나. 어렸을 때는 쉬지 않고 말을 잘하던 네가, 사춘기가 되면서 서서히 말이 적어지기 시작했고 엄마는 조금씩 서운했으나 너를 떠나보낼 마음의 준비를 하기 시작했지. 언니를 떠날보낼 때 네가 남아 있어서 위로가 되었었는데 이제 너마저 떠나보내면 얼마나 허전할까? 생각만 해도 아찔하다.

아랫층에서 성경을 읽을 때 위층 네 방에서 들려오는 바이올린 소리는 얼마나 큰 기쁨을 나에게 더해 주었었는지 모른다. 이제 그 소리를 듣지 못할 것을 생각하니 앞이 캄캄하다. 재잘거리는 너의 목소리가 그리울 거야. 네 방문 앞을 스칠 때마다 네가 보고 싶겠지? TV 좀더 보고 싶고 전화를 더하고 싶은 것 막아서 미안하다. 참으로 본이 되지 못한 것, 엄마가 성숙되지 못해서 네 마음을 편하지 못하게 했던 것 많지? 용서해라.

앞으로 네가 어떠한 환경에 처하던지 하나님의 임재 앞에서 살길 기도 한다. 너를 위해 항상 기도하는 엄마가 있다는 것을 잊지 말길 바란다. 영육간에 성숙된 모습으로 오랜 친구로 다시 만나자. 안녕!
사랑한다.

엄마가.

우리에게 이러한 날이 올 수 있다는 것을 생각하고 떠나보내는 마음을 품고 준비하는 지혜가 있기를 바란다.

부모 리더십 제3원칙

서울 구경의 원칙

서울 구경의 원칙

어린 시절 친척 중 누가, "야! 서울 구경 시켜줄까?"라고 묻는 말에 "예."라고 대답하는 동시에 귀가 아프게 잡아 끌어올려졌던 기억이 있는가? 서울 구경을 시켜준다고 할 때 속임수인 줄도 모르고 귀를 잡아올리도록 허락하면 그래도 서울을 보겠다는 마음에 아픔을 참고 버둥거렸던 어릴 적 시절이 생각나는가? 서울 구경의 원칙은 부모가 자녀의 성장 과정의 큰 그림을 보는 것을 말한다.

카멜레온의 원칙이 자녀의 성장에 따라 부모 자신들이 어떻게 변화되어야 하는가에 대한 연구였다면, 제3원칙인 서울 구경의 원칙은 어떻게 자녀들이 리더십 형성의 발달 과정을 통해서 변화되는가를 보는 것을 말한다.

그것을 통해서 자녀들이 어느 상황에 와 있는가를 보고 거기에 맞는 부모 리더십의 역할을 잘 할 수 있도록 해주어야 하는 것이다.

리더십 층층다리

리더십 개발의 단계는 크게 6단계로 나눠볼 수 있는데, 첫 번째는 리더십의 기초를 다지는 단계, 두 번째는 리더십이 형성되는 단계, 세 번째는 리더십이 훈련되는 단계, 네 번째는 리더십이 열매맺는 단계이며 다섯 번째는 리더십의 집중 단계, 그리고 마지막은 리더십 피날레이다.

단계별 나이를 정확히 단정지을 수는 없지만, 서울 구경의 원칙을 이해한다면 자녀를 보면서, '아, 지금이 이때쯤이구나!' 라고 감을 잡을 수 있을 것이라 생각한다.

이러한 과정마다 리더십 개발의 중심 내용이 무엇이고 또 그때마다 부모들의 리더십 역할이 어떻게 맞물려 돌아가는가를 살펴보도록 하자.

리더십 기초

첫 번째, 리더십의 기초이다. 리더십의 기초는 일반적으로 자녀가 5살 이하일 때라고 볼 수 있는데 처음 태어났을 때부터 자기 자신의 결정권이나 생각이 뚜렷하게 드러나기 전까지의 기간을 말할 수 있다.

이때야말로 훌륭한 리더십 형성의 배경과 기초가 갖추어지는 단계이다.

이 단계에서 성격이 결정되어지고 감정과 태도 그리고 기본적인 관계가 결정되기 때문에 가장 중요한 단계라고 할 수 있다. 이 시기에는 자녀들이 다른 사람들과 어떤 관계를 맺을 것인가를 이해하는 단계로, 남을 존중하고 배려하는 태도와 이해를 갖도록 가르치는 것이 참으로 중요하다.

리더십의 기초를 닦는 이 중요한 단계에서 부모가 발휘해야 하는 리더십은 바로 끊임없이 꾸준한 사랑을 보이는 것이다.

자녀 교육에 있어서 자녀가 너무 어리다고 생각해서 텔레비전을 보거나 비디오 게임을 계속하게 내버려두는 것은 큰 문제가 있을 수 있다. 영어를 배우게 한다고 좋은 프로그램들은 많이 보여주면서 정작 이 아이에게 필요한 엄마 아빠와의 사랑의 나눔을 많이 경험하지 못하게 된다면 그것은 좋은 교육이 될 수 없다.

사랑을 많이 받지 못한 사람은 창조적이 될 수 없다. 사랑을 많이 받으면 때로는 내가 실수하고 실패해도 용서받을 수 있고 여전히 나는 사랑받을 수 있다는 생각 때문에 다른 새로운 것들에 도전하고 무언가 하고 싶어하는 용기가 생기지만, 사랑을 많이 받지 못했을 때는 오히려 남의 관심을 끌려는 쪽으로 흘러가서 오히려 사랑에 갈급해하는 모습을 보게 된다.

물론 여기서 이야기하는 사랑은 아이들이 원하는 대로 오냐 오냐 하며 무작정 다 들어주는 그런 사랑이 아니다. 제대로 이루어지는 훈육적인 사랑 Discipline인데 중요한 부분은 아이들에게 사랑을 표현하고 부모의 사랑을 깊게 그리고 계속 알려준다는 것이다.

나는 막내 딸 영주에게 항상 세 가지를 물어본다. "아빠가 어떻게 하니?" 그러면 영주는 "사랑해요."라고 대답한다. "얼마큼 사랑하니?"하면, "이만큼!" 한다. 그 다음, "너는 누구 딸이니?"라고 묻는다. 영주는 웃으면서 "아빠 딸."이라고 대답한다. 그러면 나는 딸 아이를 꼭 껴안아 준다.

그 세 가지 질문을 틈틈이 시간 날 때마다 반복했다. 여기서 중요한 점은 '아빠가 너를 사랑한단다.' 하는 것을 인식시키는 데 있다. 그러면서 가끔 물어본다. "왜 아빠가 너를 사랑하니?" 그러면 영주는 "아빠 딸이니까!"라고 대답한다. 딸이기 때문에 무조건 사랑한다는 것을 인식시키는 것이다. 그 아이의 행동이나 어떤 사건이나 성과나 열매와 관계없이 딸이기 때문에, 아빠이기 때문에 이유없이 조건없이 사랑한다는 것이다.

또 나는 아들인 영찬이에게도 자주 말한다. "너는 내가 제일 좋아하는 아들이야." 그러면 영찬이는 나를 바라보며, "아빠! 나밖에 아들이 없잖아요."라고 이야기한다. 그러면서도 내가 한 말을 얼마나 좋아하는지 모른다.

어떤 방법으로 표현해도 좋다. 자녀가 엄마 아빠로부터 사랑받고 있다는 사실을 알고 느끼게 해주면 되는 것이다. 그런 사랑이 있을 때 그들의 성격이 바로 되고 감정과 태도가 긍정적이 되며 좋은 관계가 이루어진다.

시클 렌즈라는 사람이 있었는데 이 사람은 어렸을 때 부모에게 그런 사랑을 전혀 받지 못했었다. 부모는 이혼을 한다고 서로 계속 싸웠고 그 가운데서 시클 렌즈는 엄마 아빠가 자기를 사랑하지 않는다고 생각했다. 시클 렌즈는 엄마 아빠에 대한 증오감 때문에 최고가 되려고 노력했고 성장한 후에는 인류 역사에 큰 해악을 끼치게 되었다. 시클 렌즈, 그 아이의 또 다른 이름이 바로 히틀러이다.

부모의 사랑을 많이 받고 자란 아이는 밝다. 그래서 부모는 아이들에게 사랑을 많이 주어야 하는데, 이 리더십의 기초에서도 가장 중요한 것은 부모의 사랑이다.

리더십 형성

두 번째는 리더십 형성의 단계이다. 이때는 아이들이 자기 나름대로 결정을 하고 의사를 표현하기 시작한 후이다. 이때부터 리더십 기초 위에 리더십이 형성되기 시작하는데, 이때 중요한 부분은 바로 훈육이다.

이 단계에서 자아 발견, 가치관, 책임 등이 중요한 부분들이 되는데 훈육이 가장 중요한 위치를 차지한다. 우리는 자녀들에게 부모를 공경하도록 가르칠 필요가 있다. 부모가 그것마저도 가르치지 않는다면 자녀들은 나중에 부모에게 순종하지 않게 된다. 성경은 분명히 자녀들에게 부모를 공경하도록 가르치는 것이 엄마 아빠의 책임이라고 말한다.

그런데 훈육을 할 때도 중요한 원칙이 있다. 한번은 백화점 내에서 울고 있는 아이에게 화가 난 엄마가 울지 말라고 계속해서 쥐어 박는 모습을 목격한 적이 있었다. 내 자식이 아니라서 뭐라 이야기할 입장이 못 되어서 더욱 마음이 아팠다. 부모가 훈육을 할 때, 부모의 감정이 너무 강하게 나타나서 아이의 장래를 위한 훈육보다는 당시의 감정의 폭발과 화풀이가 되는 경우가 있지 않은가 하는 생각을 해보아야 한다.

아이들 중에는 매를 맞으면 말을 잘 듣는 아이가 있고, 매를 맞아도 말을 안 듣는 아이들이 있다. 우리집 아이들이 어렸을 때에 첫째와 둘째 아이는 매를 들면 아주 말을 잘 들었다.

그런데 셋째 아이는 매를 들면 고집이 세서 그런지 울지도 않고 더 버티는 것이었다. 아이가 지독하다는 생각까지 들었다. 그런 자녀는 더 세게 때리는 방법보다는 체벌이라는 것이 무엇인가를 이해하도록 도와주어야 한다.

우리 부부는 셋째는 때리는 것보다 더 무서워하는 것이 방에 혼자 놓아두는 것이라는 것을 알게 되었다. "네 방에 들어가 있어!" 하면 때려도 울지 않던 아이가 혼자 방에 들어가서 그때부터 울기 시작한다. 방에 놓아두면 꼭 울고 나와서 잘못했다고 용서를 구한다. 그러면 무엇을 잘못했는가를 알려주고 사랑한다고 껴안아 준다.

이러한 과정들이 계속 반복되다 보면 아이들이 '이것은 옳고, 저것은 그르구나.' 하는 생각을 하기 시작한다.

또 한 가지 중요한 부분은 아이들을 훈육할 때 고의로 잘못한 것과 실수한 것에 대한 체벌이 달라야 한다는 것이다. 그런데 부모가 감정에 치우치기 시작하면 실수든 고의든 똑같이 체벌하려 한다. 그럴 때 문제가 생기는 것이다.

실수했을 때는 용서가 더 많이 따라야 하고 이해해 주는 부분이 있어야 한다. 고의로 했을 때는 분명한 체벌이 있어야 하고 거기에 대한 교육이 필요하다. 그런데 부모들이 훈육을 할 때에 실수와 고의를 전혀 분간하지 못하고 똑같이 체벌을 가하면 자녀들에게 올바른 가치관을 심어주기 힘들다.

훈육과 함께 병행해야 할 중요한 것은 바로 칭찬과 격려이다. 항상 아이에게 잘못된 것을 숙지하도록 가르쳐줄 때 왜 잘못했는가를 물어서 스스로 자기의 잘못을 알도록 하고 그 다음에 그에 대한 대화를 같이 하고 그 잘못과 관계없이 여전히 사랑한다고 이야기해주는 것이 참 중요하다. 그렇게 자녀들이 훈육과 동시에 은혜를 체험할 수 있도록 해주어야 한다.

칭찬과 격려는 자녀들에게 너무나 중요하다. 이러한 말들을 한번 자녀에게 전해 보기 바란다.

"너는 할 수 있어.", "정말 잘했다. 굉장한데!", "한번만 더하면 잘할 수 있을 거야.", "와! 엄마는 네가 할 줄 알았어.", "이제껏 중에 제일 잘했구나.", "훨씬 나아졌다.", "드디어 해냈구나!", "정말 수고했다.", "그래 해봐." 등등 이러한 말들을 통해서 아이들이 자신감을 갖게 되고 노력할 수 있는 건강한 자아가 형성되기 시작한다.

또 한 가지 자아 발견에 있어서 중요한 점은 가족 공동체에 대한 긍지이다. "가문의 영광"이라는 영화 제목처럼 한국이 가진 장점 중의 하나인 가문을 강조할 필요가 있다고 생각한다.

예를 들어 아이들이 잘못했을 때 이렇게 말한다. "우리 가문은 그런 행동 안 해." 이러한 표현을 통해서 가문에 대한 긍지와 자부심을 갖게 한다. 자녀에게 가족에 대한 긍지를 갖게 해주는 것은 매우 중요한 영향을 줄 수 있다.

사춘기를 넘어선 아이들은 가족보다는 친구와 관계를 더 밀접하게 갖게 된다. 그런데 그전까지 가정 안에서 얼마만큼 관계를 깊게 형성하고 있었는가에 따라서 그 아이들이 친구들로부터 오는 나쁜 영향력을 얼마만큼 이기는가 못 이기는가가 결정되는 중요한 관건이 되는 것이다.

그런데 그 과정이 없었을 때는 친구쪽으로 한없이 기울어지고 만다. 그러나 아이가 그렇게 자랄 때까지 '우리 가족은 이런 상황에서 이렇게 행동한다.'라는 가족의 긍지나 자부심을 심어주면 올바른 결정을 내릴 수 있는 능력이 더 생기고 시간이 지나 친구 쪽으로 가더라도 가족에 대해서 항상 긍정적이고 다시 돌아올 수 있는 마음을 갖게 되는 것이다.

이와 같이 두번째 단계는 훈육이나 칭찬과 격려를 통한 관계 속에서 아이 스스로 결정하는 것과 책임 의식을 갖게 하는 것을 통해 리더십이 형성되는 것이다.

리더십 훈련

세 번째는 리더십 훈련의 과정으로 틴에이저(중고등부) 시기라고 생각해 볼 수 있다. 이때 중요한 것은 은사이다. 즉 자신의 달란트가 무엇인지 알게 되고 인간 관계, 친구 관계를 통해서 사회 생활을 배우게 된다. 그 다음으로 비전을 갖게 되는데 인생의 목표가 무엇인지, 앞으로 어떤 일을 할 것인지 등에 대해서 관심을 가지고 생각할 수 있는 그런 시기이다.

그리고 헌신과 희생에 관한 것을 생각하기도 한다. 자신이 원하는 것들을 위해서 무엇을 포기해야 되는가를 생각하게 되는데 이러한 부분들을 통해서 인생의 목표나 가치관을 자신의 비전과 함께 그리고 꿈을 크게 가질 수 있도록 격려해 주는 것이 중요하다.

이처럼 이 시기는 비전의 도전이 중요한 부분이며 바로 이러한 때를 지나면 리더십이 구체적으로 훈련되기 시작된다.

리더십 열매

이 과정을 겪은 다음 리더십을 통해 열매를 맺기 시작한다. 리더십이 무엇인가를 이해하기 시작하고 그 결과가 어떤 것인가를 조금씩 체험하기 시작한다. 그리고 나름대로 주어진 상황에서 자기만의 리더십을 발휘해 보기도 한다.

이때는 아마 자녀들이 대학교를 갔다든지 부모의 품을 떠났을 때가 되기 쉬울 것 같다. 이때의 중요한 이슈들은 우선 순위이다. 무엇이 중요한가에 관한 것이다.

그 다음에 '남을 세워주는 리더십' empowering leadership이다. 여기서는 동기도 중요하다. 어떤 동기를 가지고 일을 하는가?

또한 전략적인 사고가 필요하다. 리더십 전문가 스티븐 코비는 크게 두 가지의 파워 컨셉이 있다고 말한다.

그는 파워는 리더십을 발휘하는 데 사용되는 매개체인데 거기에는 궁핍의 원칙이 있고 또 하나는 풍족의 원칙이 있다고 한다. 궁핍의 원칙은 주어진 파워가 한정적으로 제한되어 있다는 개념이다. 그래서 내가 남을 세워주면 내 파워가 준다고 생각하는 것이다. 궁핍의 원칙에 있는 자는 파워를 나눠주지 못한다. 왜냐하면 내 파워가 줄어들기 때문이다. 그래서 그저 꽉 붙잡고 남이 가지지 못하도록 자기 자신을 보호하면서 생존해 나가고자 하는 것이다.

이와 반대로 풍족의 원칙은 파워라는 것이 마치 공기와 같이 항상 풍성히 얼마든지 있다는 것이다. 그러므로 파워는 얼마든지 많기 때문에 내가 파워를 나눠주면 나눠줄수록 오히려 더 많은 파워가 나에게 생긴다는 개념이다.

한국에서는 대부분의 리더십이나 또는 주위에 일어나는 일들에 거의 '궁핍의 원칙'이 적용되고 있는 것 같다. 내 것을 나눠주면 나자신이 죽는다는 생각을 하기 때문에 개선이 안 되는 것이다. 이것은 Win-Win이 아닌 Loss-Loss의 컨셉이다. 남도 안 되고 나도 안 되는 것이다.

중요한 것은 이 풍족의 원칙을 어렸을 때부터 가르쳐야 된다는 것이다. 그렇게 하기 위해서는 부모 자신이 먼저 생각을 바꾸어야 된다. 부모가 바뀌지 않으면 자녀들에게 더 큰 것을 기대할 수 없게 된다. 부모의 리더십이 풍족의 원칙이 되어야 한다.

리더십 집중

그 다음은 리더십의 집중인데 이 시기가 리더십 성장 단계의 전성기라 말할 수 있다.

이때는 리더십 열매가 제일 많고 모든 일에 지혜와 리더십 관점으로 보는 것이 굉장히 중요한 역할을 하는 때이다. 그리고 다른 사람의 리더십을 세워주고 개발해 주는 그런 일들이 있어야 될 때이다.

또한 자기 나름대로의 비전에 따르는 어떤 사명 의식들이 집중되어 있어서 그것을 통해서 자기의 리더십이 집중되어 큰 영향력으로 나타나는 단계를 이야기한다. 이미 여러 경험들을 통해 리더십의 진수를 이해하고 실천하는 단계이다.

자신감도 넘치게 되고 자기만의 독특한 리더십의 영향력을 가장 강력하게 발휘하게 되는 단계인데 보통 40대와 50대에서 볼 수있는 단계이다.

리더십 피날레

마지막으로는 리더십 피날레가 있는데, 이때는 리더십 영향력이 넓지는 않을지라도 아주 깊게 들어가게 된다.

즉 리더십 집중의 시기처럼 많은 사람에게 영향력을 끼치지 못할 수도 있지만, 그 영향력이 제한되어 선택된 소수의 사람들에게 깊게 끼쳐지게 되는 것이다.

또 그 영향력에는 성숙의 무게도 있다. 그래서 지금까지 만들어지고 훈련되어 왔던 것들에 대한 리더십의 완성도를 이루게 되는 것이다. 보통 일선에서 은퇴한 시기쯤인 이때는 다른 사람들의 리더십과 성취감을 세워주고 멘토링해 주는 바로 리더십의 피날레 단계인 것이다.

서울 구경, 하셨습니까?

제3원칙인 서울 구경의 원칙에서는 부모 리더십이 이러한 리더십의 성장 과정들을 이해하고 또 스스로 거쳐가면서 자녀가 리더십의 어느 지점에 와 있는지를 판단하고, 그 시점에서 필요한 리더십을 키워주는데 부모로서 어떠한 역할을 해주어야 하는지를 생각해 볼 필요가 있다. 당신의 자녀는 리더십의 어느 단계에 와 있으며 당신은 부모로서 어떤 리더십의 영향을 줄 수 있는가?

미국의 유명한 인권운동가 마틴 루터 킹 목사님은 39세 때 암살당했지만 35세인 1964년에 사상 최연소 노벨 평화상을 받기도 하고 미국 사회에 큰 영향을 끼친 리더였다. 그가 그렇게 큰 영향을 끼친 리더로서의 모습을 연구해 보면 그의 어머니의 영향력을 무시할 수 없다. 그의 어머니는 킹 목사에게 어려서부터 인종 차별의 문제를 주지시켰고 늘 이렇게 말했다고 한다.

"흑인이라고 해서 열등감을 느낄 이유가 없다. 언제나 당당한 인간이라는 것을 잊지 마라. 너는 누구보다도 뛰어난 아이이다. 언제나 너는 특별한 사람이라는 것을 명심하거라."

그의 유명한 "I have a dream"(나는 꿈이 있습니다)이라는 역사적 연설을 통해 얼마나 많은 사람들의 마음이 움직였는지 모른다. 지금도 가끔 그 연설을 인터넷을 통해 듣게 되면 차별 대우를 받고 있던 흑인과 백인간의 사랑과 화합을 꿈꾸는 그의 모습에 여전히 몰려오는 감동과 비전의 열정에 내 자신이 뜨거워짐을 느낄 수 있다. 그 꿈의 시작이 어디서 출발했을까?

부모 리더십 제4원칙

시계의 원칙

시계의 원칙

가장 좋은 시계는 어떤 시계일까?

어느 소년이 어린 나이에 시계를 만드는 공장에 취직했다. 그 소년은 숙련공 곁에 가서 "아저씨, 어떤 시계가 최고의 시계지요?"라고 물었다. "좋은 시계는 언제나 정확해야 돼. 날씨가 덥든지 춥든지 언제 어느 곳에 있든지 늘 변함없이 꾸준히 정확하게 가는 시계가 최고의 시계란다." 그 말을 들은 소년은 자신도 최고의 시계처럼 누가 보든 안보든 어느 곳에서나 춥든지 덥든지 꾸준히 열심히 일했다. 그리고 그 소년은 성공하였고, 그 후로도 늘 최고의 시계 같은 생활을 계속했다고 한다.

가장 좋은 시계는 다이아몬드가 박힌 시계가 아니라 정확하게 잘 가는 시계이다. 아무리 아름다운 시계도 시간이 정확하지 않다면 그것은 시계로서의 중요한 가치를 상실한 것이다. 가장 좋은 시계가 시간을 잘 지키는 시계인 것처럼 네 번째 원칙에서는 가장 훌륭한 리더란 올바른 가치관을 가진 리더라고 이야기하고 싶다. 좋은 시계가 어떤 상황과 형편에 놓이든지 변함없이 정확히 시간을 맞추어 가는 것과 같이, 훌륭한 리더는 중요한 원리를 가지고 있으며 어떠한 상황과 환경에 처하든지 그 원리가 꾸준히 진행될 수 있도록 도덕성을 가지고 신뢰할 수 있는 모습을 갖추고 있어야 한다는 것이다. 우리 자녀들이 그런 리더의 모습으로 성장하기 위하여 부모인 우리는 어떤 부모 리더십을 발휘해야 할까?

융통성의 횡포

우리는 융통성을 신봉한다. 가끔 우리 사회에서는 빨리 빨리 머리가 안 돌아가는 사람들을 비하할 때가 있다. 주어진 상황에서 재치있게 융통성을 발휘하지 못하는 사람들을 볼 때 답답해 할 때가 많다. 그때 그때마다 재빠르고 눈치 있게 적절한 융통성을 발휘하는 것을 우리는 재치있고 센스가 있다고 하기도 하고 그러지 못하는 사람은 꽉 막혔다고 하며 머리가 안 좋은 사람으로 평가하기도 한다. 문제는 그 훌륭한 융통성이 사회적으로 너무나 팽배하여 원칙이 약해져 가는 경우이다. 즉 세워놓고 지켜져야 할 원칙보다 변화하는 상황에 빨리 적응하고 손해를 보지 않기 위해 무리하게 융통성을 적용하는 것이다. 나는 그것을 우리 사회에 만연되어 있는 '융통성의 횡포'라 부르겠다.

그렇다. 어쩌면 우리 자녀들은 융통성의 횡포 가운데 원칙의 중요성을 더디 배우고 있지 않은가 질문해 보아야 한다. 때로 우리는 융통성의 횡포를 한국인의 똑똑함으로 변명하고자 할 때도 있다. 한국사람이 너무 똑똑하기 때문에 어쩔수 없다는 논리인 것이다.

한 여행사에서 일하는 사람이 재미있는 이야기를 들려 주었다. 한국인과 일본인이 함께 여행 가이드와 함께 관광 여행을 하면 재미있는 사건이 발생하게 된다는 것이다. 관광지에 버스로 같이 도착하여 여행 가이드가 각자 돌아볼 수 있는 시간을 주고 관광 후 정해진 시간에 주차되어 있는 버스로 돌아오도록 한다. 그러면 일본 여행객들은 정해진 시간 10분 전에 돌아와 기다리지만 한국 여행객들은 아무리 기다려도 오지 않는단다. 그래서 열심히 찾고 기다리다 할 수 없이 호텔로 돌아오면 한국 여행객은 이미 호텔에 돌아가 있는 경우가 종종 있다는 이야기다. 똑똑한(?) 한국 여행객은 관광지에서 벌써 한번 쭉 돌아보고 아는 사람에게 전화해서 차를 얻어 타고 백화점에 들려 쇼핑까지 하고 호텔에 돌아와 있다는 것이다. 이 이야기를 들으며 한국 사람들은 참 똑똑하고 융통성이 뛰어나다고 이야기할 수 있겠지만, 각 개인의 똑똑함과 융통성을 믿고 원칙없이 행동함으로써 그 단체를 인도하는 리더는 황당함을 금할 길이 없게 되는 것이다. 지금은 많이 좋아졌다고 하지만 여전히 원칙보다는 융통성을 신봉하는 우리 사회의 모습을 부인할 수 없다.

차선을 제대로 지키지 않는 것은 그리 놀랄 만한 일이 아니며 깜빡이 비상등만 켜면 무엇을 해도 괜찮다는 듯한 무모한 불법 행위들을 얼마나 자주 보는가? 길가에 무조건 차를 세우기도 하고, 주차 금지 표지판이 무색하게 버젓이 주차를 한다. 장애인 전용 주차 공간은 마음의 장애인들의 차로 늘 가득 차 있다. 때로는 오히려 불법을 행하는 자들이 더 당당해 하는 모습을 많이 볼 수 있다.

많은 사람들이 고속도로 위에서 싸이렌을 울리며 달리는 병원 응급차와 경찰차를 보고도 쉽게 길을 내주지 않는다. 시민들은 싸이렌이 울리는 그 응급차 안에 정말로 위급한 환자가 있다고 믿지 않는다. 왜냐하면 환자가 없어도 빨리 가기 위하여 항상 싸이렌을 울리기 때문이다. 나도 언젠가 고속도로에서 싸이렌을 울리며 바쁘게 내 뒤를 쫓아오는 응급차에 급하게 차도를 비워준 적이 있다. 그때 옆에 앉아 있는 사람이 말했다. "저거 다 가짜예요. 저 속에 환자 없어요. 환자 없는데 불 켜고 빨리 가려고 하는 거예요." 설마했는데 아니나 다를까? 그 응급차가 다음 휴게소에서 환자 없이 빈차로 휴식을 하고 있는 모습을 목격한 것이다.

이렇게 원칙이 무시를 당하고 원칙을 배제한 융통성이 횡포를 부릴 때 그 결과는 무엇일까? 그것은 더 이상의 신뢰는 없다는 것이다. 신뢰를 배우지 못하면 미래 사회에 진정한 영향력을 줄 수 없다. 뛰어난 능력도 신뢰가 없으면 오래 가지 못한다. 신뢰는 지킬 것을 지키는 원칙에서 나온다. 상황과 형편에 관계없이 정확이 가고 있는 시계의 시간을 신뢰하듯이 말이다.

원칙의 중요성

자녀들에게 신뢰를 쌓는 법을 가르치기 위해서는 자녀들이 원칙을 중요시하도록 가르쳐야 한다. 원칙을 직접 가르치는 것도 중요하지만 원칙은 원칙을 지키는 사람의 연속적인 행동을 통한 가치관의 전달로 이루어져야 한다. 다시 말하면 원칙을 중요시하는 부모 리더십이야말로 원칙의 중요성을 가르치는 가장 좋은 방법이다.

아파트 단지 안에서 주차를 할 때, 장애인 표시가 되어 있는 곳 외에는 주차할 곳이 없고 지하주차장까지 가서 주차를 해야만 할 때 우리는 갈등하기 시작한다. 때는 이미 늦은 밤이고 늘 비워져 있는 듯한 그곳에 융통성을 발휘하여 원칙을 저버리고 싶을 때가 있지 않은가? 하지만 '그래도 그러면 안 되지.'라는 마음의 원칙을 세우고 아무도 보지 않지만 지하주차장을 향해 핸들을 돌릴 때, 뒤에 타고 있는 자녀는 원칙의 중요함을 배우기 시작한다. 그러므로 부모는 자녀가 스스로 법을 지키고 원칙을 따르는 것에 대해 긍지와 자부심을 가질 수 있도록 도와야 한다.

그런데 우리는 오히려 법대로 하고 원칙을 지키면 잘못되고 손해 본다고 생각하고 그 반대로 눈치가 빠른 것이, 또 그런 잔꾀가 있는 것이 원칙보다 우선이라는 가치관을 자녀들에게 심어주고 있지는 않은지 생각해 보아야 할 것이다. 그렇게 교육받은 자녀들이 나중에 커서 어떻게 행동하고 어떤 사람으로 자라날지 생각해 보라. 엄마 아빠의 삶이 법을 지키지 않고 원칙을 무시하는 삶을 산다면 그것을 보고 듣고 배운 자녀들의 삶 역시 동일하게 법과 원칙을 지키지 않는 삶이 될 것이다.

미국에는 '여자 운전자의 뒤에 가지 말라.'는 말이 있다. 이 말은 미국의 여자들이 운전을 잘못하고 아무데나 막 서기 때문에 그들의 뒤를 쫓으면 위험하다는 의미이다. 한국의 아줌마들(엄마들)은 어떤가? 운전 실력도 없이 마구 차선으로 뛰어들고 새치기하고 신호도 지키지 않는 모습이 눈에 많이 띄지 않는가. 그럴 때마다, '과연 저 사람을 누가 가르쳤나?'라고 생각하며 가르친 사람에게 책임을 묻고 싶을 때가 한두 번이 아니었다. 때때로 운전교사를 태우고 운전 연수하는 차들도 신호등을 지키지 않고 사람이 없을 때는 신호등을 그냥 무시하고 지나가는 것을 본 적이 있다. 안전한 운전 교육이 연수의 목적이 아니라 운전 면허증이 목표인 자동차 연수 학원이라면 그런 융통성은 너무나 당연한 것이리라. 이렇게 잘못된 운전의 첫 교육을 받기 시작하면 교통 원칙은 면허증 획득에서만 중요하고 실제에서는 융통성의 횡포가 판을 치게 된다.

한번은 이런저런 이야기를 나누는 자리에서 목사님 한 분이 나에게 이렇게 물으셨다. "목사님, 그 사람들이 신호 안 지키는 것하고 목사님하고 무슨 상관이 있습니까?" 남이야 그러든 말든 신경을 끄라는 그 말도 이해가 되는 말이다. 그러나 내 대답은 이것이었다.

"목사님, 엄청나게 큰 관계가 있습니다. 무슨 관계가 있는가 하면 그 사람이 신호등이 빨간 불일 때 그냥 간다는 것은 내가 녹색 불일 때에도 주위를 살피고 눈치를 보고 가야 된다는 사실을 아십니까? 저 사람이 법을 지키지 않는다는 것은 그 시스템을 믿을 수 없다는 것을 이야기하고 그것은 나에게도 엄청난 자유를 침해하는 결과를 가져오는 것이지요. 한 마디로 이야기하면 자신의 이득이나 순간의 편안함 때문에 남을 존중하지 않게 된다는 것입니다."

그러나 더욱 중요한 것은 원칙을 넘어서 있는 우리를 우리의 자녀들이 보고 있다는 것이다. 우리는 자녀들에게 그 부분들을 가르칠 책임과 의무가 있고 그 아이들이 어떤 상황에서든지 모범이 되는 부모를 보며 자랑스러워할 수 있기를 바라야 한다.

은행에 엄마와 함께 가게 된 아이가 번호표를 뽑지 않고 창구에서 다른 사람을 밀치며 먼저 일을 보는 엄마를 보면서 무엇을 배울 수 있다고 생각하는가? '이래도 괜찮은 거구나. 얼마든지 상황에 따라서 원칙은 바뀔 수 있는 거구나. 원칙을 원칙대로 한다는 것은 상당히 바보 같은 거구나.'라고 배울 것이 아닌가. 그렇다면 우리는 더 이상 자녀들에게 원칙을 지켜나가는 것이 삶 가운데 어떤 가치를 던져주는가 하는 것에 대해 제대로 배울 기회를 주지 못하는 것이다. 과연 이렇게 자라난 우리 자녀들이 국제 무대에서 사람들의 신뢰를 받으며 성공할 수 있는 사람들이 될 수 있을까?

많은 미국 리더들이 한국의 리더들과 같이 일을 해나가며 건네는 한 마디는 바로 '믿을 수 없다.'는 것이다. 멋진 타이틀과 큰 목소리로 약속을 하지만 그것들이 실천되어지지 않는 것들을 보면서 점점 신뢰를 잃어가고 있다는 것이다.

21세기는 믿을 수 있는 나라가 리더의 나라가 된다. TV를 통해 나오는 수많은 사건들 속에 사회와 사람을 신뢰하지 못하게 하는 뉴스들이 쏟아지고 있다. 먹는 음식을 가지고 장난을 치는 나라, 빨간 벽돌을 갈아 고춧가루로 속여 팔고, 사람이 먹어서는 안 되는 색소들로 음식의 겉모습만 그럴싸하게 만드는 사회 분위기 속에서 21세기를 이끌어 갈 선진국을 꿈꿀 수는 없을 것이다. 다음 세대를 살아가야 할 우리 자녀들이 조금 더 아름다운 나라에서 마음 놓고 서로를 신뢰하며 미소 지을 수 있도록 제대로 된 가치관을 가르쳐야 할 것이다.

모범의 중요성

부모가 가르치는 가치관이 부모의 삶 가운데 실행되는 모습을 보여주는 것이 얼마나 중요한지 모른다. 내가 어릴 적에 '웃으면 복이 와요'라는 TV 코미디 프로그램에서 손자와 아버지, 할아버지가 함께 한약을 나누어 먹는 장면을 본 적이 있다. 아버지가 처음으로 다린 가장 좋은 한약을 먼저 아들에게 주고 재탕한 것을 자신의 아버지께 드렸다. 시간이 지나 그 아버지가 할아버지가 되었고 우연히 자신이 보는 자리에서 자기 아들이 전에 자기가 아버지에게 한 것처럼 자기 보약을 다리는데 자기 손자를 데려와서 "이것 너 먼저 마셔." 하며 제일 좋은 것을 손자에게 주고 재탕한 것을 자신에게 가져오는 것이었다. 그렇다. 자녀는 보여준 대로 배운 것이다. 나는 과연 자녀들에게 어떤 모습들을 보여주고 있는가?

내가 보여주는 모습들을 통해서 어떤 가치관이 소중하며 무엇이 좋은 시계라고 내 아이들에게 이야기하고 있는가? 겉만 화려하게 치장하면 된다는 건가 아니면 그때 그때마다 빨랐다, 늦었다 융통성 있게 움직이는 시계인가? 나는 과연 어떤 가치관을 내 아이들에게 가르치고 있을까?

나의 아이들을 선교지인 케냐로 데려갔을 때, 내가 감사한 것들 중 하나는 자녀들이 나와 다른 민족, 피부색이 다른 사람들을 존중해야 한다는 가치를 발견하고 배울 수 있었던 것이다. 우리 아이들은 아직 어렸고 아내와 나는 개척 교회를 섬기고 있었는데 아프리카의 아이들 속에서 그들과 친구가 되어 있는 자녀들을 보며 감사했었다.

또한 그 아이들이 발견한 것들 중 한 가지는 우리가 말하는 흑인의 피부색이 검다고 생각하지 않는다는 것이었다. 아프리카 친구들을 보면 "He's brown."(그 애는 살이 갈색이야.)이라고 말한다. 사실 가만히 보면 완전히 까맣지는 않다. 동양인보다 좀더 진한 갈색을 가졌을 뿐이다. 변함없이 남을 존중해 주는 이러한 원칙이 바로설 때 신뢰가 이루어지고 그런 가치가 있을 때 진정한 섬김이 이루어진다. 사람을 존중할 수 있는 가치, 남을 존중히 여기는 가치, 이것들을 가르치는 부모 리더십이 곧 시계의 원칙이다.

다음 시에서 우리는 아이들이 어디에서 어떻게 배우는지를 알 수 있다.

"아이들은 생활에서 배운다."
(Children learn what they live.)

꾸지람을 받으며 자란 아이들은 비난하는 것을 배우고
미움을 받으며 자란 아이들은 싸움을 배우고
두려움 속에 자란 아이들은 근심을 배우고
동정받으며 자란 아이들은 자기 연민을 배우고
놀림을 받으며 자란 아이들은 시기심을 배우고
부끄러워하며 자란 아이들은 죄책감을 배우고
질투받으며 자란 아이들은 시기심을 배우고

칭찬을 받으며 자란 아이들은 자신감을 배우고
너그러움 속에 자란 아이들은 인내심을 배우고
격려받으며 자란 아이들은 고마워하는 것을 배우고
사랑받으며 자란 아이들은 사랑을 배우고
관심 속에 자란 아이들은 자긍심을 배우고
인정받으며 자란 아이들은 목표 세우는 것을 배우고
함께 나누며 자란 아이들은 진실 된 삶을 배우고
공정한 대우를 받으며 자란 아이들은 정의를 배우고
친절함 속에 자란 아이들은 남을 존중하는 법을 배우고
평안함 속에 자란 아이들은 사람에 대한 믿음을 배우고
다정함 속에 자란 아이들은 세상이 살기 좋은 곳임을 배운다.

우리가 이러한 가치관을 자녀에게 심어줄 수 있다면 그 아이들이 이러한 가치관을 가지고 나중에 커서 두려움이 아닌 신뢰의 리더십을 발휘하는 사람이 될 수 있지 않을까 생각한다.

유산의 중요성

다시 우리의 주제로 돌아가서 진정한 행복이 무엇인가를 질문해 보자.

하나님이 내게 주신 최대한의 가능성을 마음껏 발휘하며 남에게 행복을 주는 삶, 이웃을 배려하고 먼저 나누는 것이 생활의 기쁨이 되는 그런 복되고 행복한 삶, 이것을 우리는 가치 있는 인생이라고 이야기할 수 있지 않을까? 이것이 하나님이 우리에게 주신 축복이 아닐까? 그렇다면 여러분은 자녀들에게 그들의 행복을 위해 무엇을 남기길 원하고 어떤 유산을 물려주고 싶은가? 자녀에게 어떤 가장 좋은 것들을 남기길 원하는가? 유산 때문에 형제애를 잃어버리고 법정 싸움까지 벌리는 경우를 보기도 한다. 부모인 우리의 모습이 자녀들에게 어떻게 기억되기를 원하는가?

성장의 시간이 다 지나 자녀들이 장년이 되었을 때, 매일 공부만을 강요하며 다그쳤던 엄마 아빠로 기억된다면, 유산으로 남긴 그 부모의 가치관은 겨우 그것에 불과한 것이다. 그러나 만약 우리가 소중한 가치관을 자녀들에게 유산으로 남김으로 우리가 바랐던 고백들이 동일하게 자녀들의 고백 속에 있다면, 그래서 먼 훗날 그렇게 존경할 만한 부모로 기억된다면 우리는 얼마나 행복한 부모일까 생각해 본다.

어느 한 엄마가 죽기 전에 이러한 시를 남겼다.

내가 죽은 후에 나 때문에 울고 싶다면
사랑하는 아이들아, 나의 곁에 있는 형제들을 위하여 울어 다오.
너의 두 팔을 들어 나를 안고 싶거든
내게 주고 싶은 바를 내 형제들에게 베풀어 다오.
아이들아, 나를 만나고 싶거든
내가 알았던 그리고 내 사랑했던 사람들 속에서 나를 찾아 다오.
너희가 에미 없이 살 수 없다고 느끼거든
나로 하여금 너희의 눈, 너희의 마음, 너희의 친절한 행위, 행동 속에 살게 해 다오.
사랑은 죽지 않는 것,
그러므로 나를 대신하여 내 사랑을 너희 이웃에게 베풀어 다오.

부모 리더십 제5원칙

사과씨의 원칙

사과씨의 원칙

사과 속에 몇 개의 씨가 있는가 알기 원한다면 아주 쉽게 알 수 있다. 바로 잘라서 세어 보면 되기 때문이다. 그러나 하나의 사과씨에 얼마나 많은 사과가 들어가 있는가를 알기 위해서는 남이 보지 못하는 것을 볼 수 있어야만 한다.

다섯 번째 원칙은 사과씨의 원칙이다. 사과씨의 원칙은 바로 이렇게 남이 보지 못하는 힘을 볼 수 있는 특별한 리더십인데 우리는 이것을 비전이라고 이야기한다.

여기 제5원칙에서는 어떻게 하면 자녀들에게 남들이 알지 못하는, 그리고 따르는 자들이 보지 못하는 그 부분들을 볼 수 있는 능력을 키워줄 수 있는지, 어떻게 자녀들이 비전을 가질 수 있도록 도울 수 있을 것인지 하는 사과씨의 원칙을 살펴보려 한다.

세 종류의 사람

세상에는 흔히 세 종류의 사람이 있다고 한다.

첫째, 미래를 만드는 사람.

둘째, 미래가 만들어지는 것을 바라만 보고 있는 사람.

셋째, 다 만들어지고 난 다음 무엇이 일어났는지 궁금해 하는 사람.

우리는 어떤 종류의 사람인가? 당신은 어떤 비전을 가지고 있는가? 어떤 목표와 어떤 비전을 가지고 우리는 삶을 살 수 있는가? 내 자녀들이 어떤 비전을 가지고 그들의 삶을 살기를 원하는가? 함께 생각해 보기 원한다.

날 때부터 소경이었던 헬렌 켈러에게 어떤 사람이 물었다.

"날 때부터 소경인 것보다 더 불행한 게 있겠습니까?"

그때 헬렌 켈러가 대답했다.

"The one who has a sight but has no vision."

(앞을 볼 수는 있지만 비전이 없는 사람이 가장 불행한 사람입니다.)

우리는 똑같은 사물을 놓고도 특별한 것을 볼 수 있는 사람이 있는가 하면 보지 못하는 사람도 있다는 것을 알고 있다. 비전은 남들이 보지 못하는 것을 감지하고 볼 수 있는 것들을 제시할 수 있는 능력이다.

그렇다면 비전을 어떻게 정의할 것인가? 비전은 미래를 향해 품는 이상적인 목표를 말한다. 그것은 바로 한 사람이나 혹은 한 그룹 안에서 미래를 향한 이상적인 목표를 갖는 것이라 하겠다.

나는 리더십 강의를 통해 '비전은 따르는 사람들이 가지지 못하는 것이며, 오로지 리더만이 가질 수 있는 특권이다.' 라고 강조한다. 그러므로 리더를 따르는 자들과 리더들을 구분하는 가장 중요한 것, 그리고 리더의 특성 중에서 가장 두드러지게 나타나는 것을 말하라면 두말하지 않고 비전이라 이야기하고 싶다.

비전이라는 다이아몬드

여러 면을 가지고 눈부시도록 반짝거리는 다이아몬드처럼 비전에는 여러 모양들을 찾아볼 수 있다.

비전은 '마음의 사진' mental image이다. 비전을 가진 사람의 마음에 그 비전이 사진처럼 그려지는 것을 말한다. 그러므로 비전을 향해 나가는 사람들은 무조건 무방비한 상태로 나가는 것이 아니라 마음속에 미래에 자신이 원하는 모습을 볼 수 있게 되고 그 그림이 그려지게 되는 것이다. 그 후 그 그림을 향해서 돌진해 나가는 것이 바로 비전이라고 말할 수 있겠다.

디즈니랜드를 만든 월트 디즈니가 죽고 난 후, 그의 비전에 따라 플로리다에 크고 멋진 디즈니월드가 생겼다. 많은 축하객들이 개장날에 모였고 그때에 한 강사가 축하 메시지를 이렇게 전하게 되었다.

"오늘의 이렇게도 아름다운 장면을 월트 디즈니가 봤다면 얼마나 좋았을까요?"

그러자 월터 디즈니의 미망인이 일어서서 이렇게 답사를 전했다.

"조금 전 그 분의 축하 메시지 너무나 감사합니다. 그러나 제가 한 가지 드릴 말씀이 있는데 제 남편은 이미 죽었지만 오늘의 이 장면을 이미 보았습니다."

월트 디즈니의 마음에는 이미 그것이 그려져 있었다는 것이다. 바로 그것이 비전이다.

뿐만 아니라 비전에는 독특성uniqueness이 있다.

비전은 모두 똑같지도 평범하지도 않다. 비전은 하나님이 개개인에게 주시는 것인데 각자가 누구라는 것과 각각 지금까지 살아왔던 모든 것, 그리고 각자에 처한 상황에서 이루어지는 것이므로 그 비전은 다 다를 수밖에 없다. 그러므로 우리에게 주어진 비전은 우리 각 개인에게 독특하게 주시는 하나님의 계획인 것이다.

그런가 하면 비전에는 미래성이 있다. 비전은 과거 지향적인 것이 아니다. '어떻게 했으면 좋았을 텐데…….' 라는 후회를 남기는 것이 아니라 비전은 항상 미래를 향해 있다. 현재를 넘어서 내다볼 수 있다는 것을 의미하며 그래서 미래에 있을 일을 향해서 꿈을 꾸는 것이 바로 비전인 것이다.

또한 비전에는 집중성이 있다. '……뭔가 모르지만 큰 것을 하겠다. ……로 알려지겠다. 최고의 ……이 되겠다.' 라는 막연함을 가지고 있지 않다. 비전은 확실한 포커스, 즉 집중된 초점이 있다. 그래서 비전은 우리를 미래를 향한 목적과 계획에 좀더 깊이 들어갈 수 있도록 돕고 전달하는 영향력에 있어서 강한 집중력을 주게 되는 것이다.

꿈과 비전의 차이

비전에는 또 한 가지 매우 중요한 것이 있는데, 그것은 바로 열정이 있어야 된다는 것이다. 사람들은 많은 꿈을 꾼다. 하지만 비전을 가진 자visionary leader와 꿈을 꾸는 자dreamer는 현저히 다르다.

비전과 꿈은 거의 비슷하게 시작될 수 있다. 자주 혼동하여 같이 사용되기도 한다. 그러나 비전을 가진 사람이 꿈을 꾸는 사람보다 더 뛰어난 점이 있다면 그것은 바로 '열정'이다. 비전은 막연히 기대하는 것이 아니기 때문이다. 그렇게 됐으면 좋겠다는 바람으로만 끝나지 않는다. 비전에는 그것을 이루기 위한 열정이 있다. 그러므로 그 비전을 향해 희생조차도 감수할 수 있는 그런 열정이 있을 때 주위 사람들이 그것을 보게 되는 것이다. 그 비전으로 인해 그 사람의 열정이 타오르는 모습을 보면서 그 비전이 전염병처럼 그 리더를 따르는 많은 추종자들에게 옮겨가게 된다. 비전을 향한 리더의 열정으로 스스로의 희생과 헌신의 모습을 바라본 추종자들은 비로소 그 리더를 신뢰하게 되고 같은 비전을 공유하기 시작하는 것이다.

수많은 사람들이 존 웨슬리 목사님의 설교를 듣기 위해 모여들었다. 그러자 주위에 있는 교회 목사님들이 존 웨슬리 목사님을 찾아와 물었다.

"우리가 설교할 때는 사람들이 많이 모이지 않는데 왜 당신이 설교를 할 때는 사람들이 그렇게 많이 모입니까?"

웨슬리 목사님은 이렇게 대답했다.

When I preach I feel like a burning fire.

(내가 설교할 때는 마치 내가 불타는 것 같습니다.)
And people like to come and watch me burning.
(사람들은 와서 내가 불타는 모습을 보고 싶어합니다.)

그런가 하면 비전은 항상 변화를 찾고 변화를 바라본다. 어떤 사람들은 같은 사건을 대하면서도 "아, 이것은 왜 이럴까?" Why?라고 궁금해 하기도 한다. 그러나 비전을 가진 사람은 그 사건들을 보면서, "왜 이렇게 되면 안 될까? 왜 이렇게 될 수 없을까?" Why not?라는 질문을 던지는 것이다. 왜냐하면 비전을 가진 사람은 항상 변화를 생각하기 때문이다.

비전의 3단계

1단계는 지각의 단계이다. 현실의 안목으로 현재를 바라보는 것이다. 비전을 가진 사람이 꿈꾸는 자와 다른 점은 지독하게 현실적이라는 것이다. 그저 막연히 미래의 소원만을 갖는 것이 아니다. 다시 말하면 비전을 가진 사람은 자신이 처한 상황을 보면서 이 상황에서는 무엇이 필요하고, 어떤 관계를 맺어야 하고, 현재 어떤 이슈들이 돌아가고 있는가 하는 문제의식을 갖고 있는 것이다.

2단계는 안목의 단계이다. 분별의 안목을 가지고 앞을 내다보는 것이다. 앞으로 우리가 어느 쪽으로 가야 한다, 이러이러한 부분들이 이루어져야 한다 등 미래에 대한 어떤 그림들을 가지고 있다는 말이다.

3단계는 가능성의 단계이다. 비전의 안목을 가지고 성취될 수 있는지 없는지 그 가능성을 보는 것이다. "아, 그럼 이렇게 하면 할 수 있겠다." 하는 자신감과 용기를 가지는 과정을 말한다. 많은 사람들이 1단계에서 포기한다. '이것에 대해서는 안돼. 문제야. 잘못했어.' 그 다음에 조금 뛰어난 사람은 2단계를 볼 수 있다. 그러나 비전의 리더는 3단계를 거쳐 그 후의 가능성을 보고 그 가능성을 위해서 자기의 열정을 불태우는 사람이다.

미국 대통령인 존 에프 케네디가 젊은 나이에 대통령이 된 이후, 미국 사람들의 마음을 한 손에 쥐어잡을 수 있는 강력한 리더십을 발휘할 수 있었던 것은 바로 그가 가진 비전 때문이었다. 그 비전은 자신의 임기 후 앞으로 미국이 10년 내에 달에 인간을 착륙시키겠다는 것이었고, 그 비전이 발표되자 당시 나사NASA에서는 불가능한 일이라고 말했었다. 하지만 그는 "할 수 있다, 한번 해보자!"라고 했고, 기어이 아폴로 11호를 달에 착륙시켰다. 생각해 보라. 많은 사람들이 달을 보고 막연하게 바라보기만 하면서 '달이구나.' 라고 생각할 때, 케네디는 비전을 던졌던 것이다. 'Why not?' (왜 안 되겠어?)이라고 생각했던 것이다. 그것이 바로 비전이다. 21세기는 비전의 사람들에 의해 움직여질 것이다. 변화에 제일 민감한 사람도 비전의 사람일 것이다.

그렇다면 이러한 비전을 어떻게 우리 자녀에게 심어줄 수 있을까? 우리는 부모로서 어떤 역할을 할 수 있을까? 사과씨의 원칙을 다시 한번 보면서 어떻게 하면 나 자신이 이러한 비전을 갖는 역할을 할 수 있고, 자녀들에게 이러한 비전을 가질 수 있도록 도울 수 있는가에 대해 생각해 보기 바란다.

좋은 질문

첫째, 질문하는 능력을 향상시켜라. 훌륭한 비전은 항상 좋은 질문에서 시작된다.

질문하는 법을 가르치는 것이 중요하다. 사실 그 질문은 그렇게 어려운 부분이 아닐 수도 있다. 미국의 큰 기업들이 컨설팅을 하는 것을 살펴보면 재미있는 질문 세 가지로 엄청난 돈을 받고 일하는 것을 볼 수 있다. 그 세 가지 질문은 이것이다.

첫째는, 지금 무엇이 안 되고 있다고 생각하십니까? 둘째는, 앞으로 어떻게 가야 될 것이라고 생각하십니까? 셋째는, 그렇게 하기 위해서 우리가 무엇을 해야 된다고 생각하십니까? 이 세 가지 질문을 하고 이 질문에 대한 답을 하면 그 문제는 해결을 본다는 것이다. 그것은 꼭 현재를 만족시키는 것뿐만 아니라 미래를 내다보면서, 그 일을 위해서 어떤 일들이 이루어져야 되는지 그리고 이러한 일들이 이루어지기 위해서 어떤 일들을 해야 되겠는가 하는 질문들도 포함한다. 텔레비전, 신문을 보거나 자녀와 대화를 하면서도 "네가 만약에 저 나라의 대통령이라면 무엇을 하겠니?", "네가 이 사태에 대한 문제를 해결해야 하는 담당자라면, 어떤 변화를 생각해 보겠니?"라고 질문하는 등등, 무엇이 문제인가를 계속적으로 대화하면서 생활 속에서 질문하는 능력을 향상시키는 기회를 놓치지 말라는 것이다.

그리고 자녀들이 희망하는 미래의 직업에 대해 부모의 의견을 강요하지 않기를 바란다. 부모가 "너 커서 뭐가 될래?"라는 질문에 아이가 "소방대원!"이라고 대답한다면 "야! 너 대통령 되어야지, 소방대원이 뭐야?"라고 한다면 자녀의 미래 질문의 가능성을 배제하는 것이다. 부모 리더십은 질문을 잘할 수 있어야 한다. "너 왜 소방대원이 되길 원하니?", "그 일의 좋은 점은 어떤 점이니?", "무엇이 너로 하여금 그 꿈을 갖게 했니?" 등등의 질문을 통해 또 다른 대화의 물고를 열게 되고 대화를 통해서 자녀들은 그들의 장래의 가능성에 대해 계속 생각하게 된다.

나의 아들은 계속해서 꿈이 바뀐다. 처음에는 설교를 하는 목사인 나를 보면서 목사가 되겠다고 했다. 그 다음에 책을 쓰는 모습을 보여주니까 자기도 작가가 되겠다고 하며 자신만의 책을 써내려 갔다. 그리고 현재는 뱀 잡는 사람이 되겠다고 한다. 왜냐하면 그 아이가 제일 좋아하는 동물이 공룡이었는데 그 수많은 공룡의 종류를 외우며 시작된 열정은 동물책을 섭렵할 때마다 더 크게 변해 갔고 이제는 파충류와 곤충까지 연구하다 나온 결론이 앞으로 뱀 잡는 사람이 되겠다는 것으로 결정되었기 때문이다.

내가 그 이야기를 듣는 순간 얼마나 어처구니가 없었는지 상상해 볼 수 있겠는가? 땅꾼이 되겠다는 것이다. "너 뱀 잡는 게 뭐하는 건 줄이나 알고 그러는 거니?"라고 아빠로서 얼마든지 편잔을 줄 수 있지만 나는 아이에게 정중히 물었다. 그리고 그의 미래에 대해 같이 생각할 수 있는 기회를 제공해 주었다. 이렇게 대화를 통해서 비전을 놓고 같이 나눌 때 아이들이 원하는 것이 계속적으로 바뀌는 것을 보게 된다. 그때마다 "왜 그렇게 생각하게 되었니?"라는 질문을 던져보기 바란다. 그리고 그것에 대한 질문을 통해 새로운 비전을 줄 수 있고 새로운 것들을 생각할 수 있는 기회를 만들어주기 바란다.

새로운 생각

새로운 패러다임을 계속적으로 공급하라. 아이가 생각하지 못했던 패러다임을 새롭게 심어주라는 것이다. 생각하지 못했던 어떤 부분들에 대해 또 다른 부분들을 생각할 수 있도록, "이러한 점은 어떻게 생각하니?", "이것은 왜 그렇게 하면 안 되지?" 등 새로운 시각으로 바라볼 수 있도록 도와야 한다는 것이다.

한 어머니와 함께 나누었던 이야기이다.

자녀와 함께 차를 타고 가는 도중 길가에 죽어 있는 개를 보게 되었다. 엄마가 "아이, 불쌍하다. 왜 그렇게 죽었을까?" 했더니 엄마와 함께 있던 아이가, "엄마, 하나님께서 저 개를 살릴 수 있도록 우리 기도하자."라고 말했다. 너무 놀란 엄마는 아무 말도 못하고 '그것은 불가능한 일인데……."라고 생각하며 그냥 지나갔다. 그 후 그 엄마는 그것이 아이에게 새로운 패러다임을 심어줄 수 있는 너무나 좋은 기회였다는 것을 깨닫게 되었다. 그 경험은 믿음에 관하여 새로운 패러다임을 줄 수 있을 뿐만 아니라 기도에 대해서 가르칠 수 있었고 하나님에 대해서 가르칠 수 있었던 좋은 기회였던 것이다. "그래. 기도하자. 하나님은 우리 기도를 들으실 수도 있고 또 이 개를 더 좋은 곳으로 데려가실 수도 있어." 등등의 얼마든지 다양하고 아름다운 대화가 그 순간 이루어질 수 있었던 것이다. 그런 점들을 보면서 정말 새로운 패러다임은 지식적인 것을 통해서만, 이론적인 개념으로만 이해하는 것이 아니라는 것을 경험하게 된다.

자동차 사고로 화상이라는 큰 어려움을 당한 이지선 자매를 기억하고 있을 것이다. 그러한 상황에서도 그녀가 믿음으로 행복하게 서고자 하는 모습을 보면서 그것이 새로운 패러다임이 될 수 있다는 것을 발견한다. 주위에 어려움을 당하고 있는 사람들을 보면서 그것이 새로운 패러다임의 도전이 될 수 있으며 그런 패러다임은 우리 주위에 너무나 많이 잠재해 있음을 볼 수 있다. 우리가 그것을 포착하고 그것을 통해서 우리 아이들에게 새로운 패러다임을 제시해 주고 그 패러다임을 통해서 다시 한번 그 다음 단계의 생각을 질문할 수 있도록 도와주는 것과 그냥 지나치는 것과는 엄청난 차이를 만들어낸다.

새로운 생각은 자녀들을 창의적으로 만들어 준다. 여행을 통해 새로운 경험을 갖게 하는 것도 새로운 패러다임을 가질 수 있도록 돕는 좋은 방법이다. 우리는 아이들이 어렸을 때 선교사로 케냐에서 3년 동안 섬긴 적이 있다. 그곳에서 우리 아이들은 많은 동물들을 경험할 수 있었고 먹는 고기류 또한 다양했다. 얼룩말, 악어, 노루, 사슴, 염소, 양 등의 다양한 경험으로 한국 방문 때는 갈비집에 가서 얼룩말 고기가 있냐고 물어 웃지 못할 일을 경험하기도 했었다. 그 경험들을 통해 얼마나 새로운 패러다임이 아이들에게 도전이 되었는지 모른다.

Boys be ambitious!

숲을 볼 수 있도록 도전하라. 우리는 나무는 보면서 숲은 보지 못할 때가 많다. 그래서 자녀들이 숲을 볼 수 있도록, 큰 그림을 그릴 수 있도록 도와야 한다. 해수욕장에 가면 수영만 시키지 말고 바다 전체를 보고 수평선을 보는 법을 가르칠 수 있기를 바란다. 그리고 무한한 가능성을 격려하라.

우리가 어렸을 때 자주 들었던 "Boys be ambitious!"를 기억하는가? 일본 홋카이도에 파송된 클락 선교사가 기독교 학교를 세우면서 학생들에게 심어주었던 내용이었다. 원래는 "Boys be ambitious for Jesus!"였지만 우리에게 전해 오면서 한국에서는 "소년이여, 큰 꿈을 가져라!"라고 알려진 것이다. 하나님을 위하여 무한한 가능성을 격려하라는 것이다.

나는 가끔 큰 것을 볼 수 있는 곳을 찾는다. 마음이 답답할 때 하늘이 보이는 곳을 찾고 울창한 숲과 넓은 바다가 보이는 곳을 찾는다. 뻥 뚫린 넓은 고속도로를 한껏 달려보기도 하고 높은 산을 바라보기도 한다. 그리고 하나님께서 내게 보여주시기를 원하는 큰 그림이 무엇인가 묵상해 본다. 그렇다! 자녀들을 바라보며 꿈을 키워주고 눈을 높여 주어야 한다! 낮은 것들에 눈높이를 맞추지 말고 눈을 더 높게 떠서 새로운 것들을, 큰 것들을 볼 수 있도록 도와주고 이끌어 주어야만 한다.

계획의 훈련

계획하는 법을 가르치라.

나의 취미는 계획을 짜는 것이다. 그래서 나는 조금만 시간이 있으면 항상 종이와 펜을 찾아 들고 계획을 짠다. 결국 계획을 짜는 것이 나의 취미생활이 되었고 나의 기쁨이 되었다. 나의 이러한 모습들을 보면서 나의 아이들은 계획하는 법을 배우게 되었다. 매년 우리 가족이 휴가를 보낼 때, 혹은 어떤 일을 계획하게 될 때마다 우리 부부는 항상 아이들과 함께 계획을 짠다. 그러면 우리의 세 아이들은 모여서 하루의 계획을 시간별로 나눠보고 대화를 나누며 서로가 원하는 바를 내어놓고 엄마 아빠와 상의를 하게 된다. 어린시절에 스스로에게서 나오는 계획표는 중요한 영향을 미치게 된다. 그 과정들을 통해서 우선 순위를 배울 수 있고 그 다음에 계획 짜는 것을 통해서 자기가 원하는것이 무엇인가를 생각할 수 있도록 훈련할 수 있기 때문이다.

그러므로 모든 계획을 부모가 세워서 그대로 끌고 가지 말고, 함께 계획 세우는 법을 가르쳐 주고 아이들이 스스로 계획을 짤 수 있도록 훈련할 필요가 있다. 스케줄도 스스로 만들어 보게 하고 "이번 여름을 어떻게 보낼까? 네가 한번 계획을 짜서 엄마한테 가져와 보렴. 그리고 같이 상의하고 결정하자꾸나."라고 말하는 것은 아이들의 상상력과 사고력을 얼마든지 키워갈 수 있는 좋은 기회이기도 하다. 엄마가 모든 것을 정해 놓거나 아이들에게 주어진 시간들을 엄마의 계획으로 가득하게 하지 말기 바란다. 학원을 정해 놓고, "야, 여름에는 이것 이것 꼭 해야 돼."라고 하지 말고 자녀들이 스스로의 삶을 계획하고 책임져가도록 돕기 바란다.

열정 찾기

자녀 안에 있는 열정을 찾아라.

우리 자녀가 가진 열정은 무엇인가? 아이들의 관심 속에서 발견되어지는 것들 중에 좋은 부분들은 격려해 주고 긍정적으로 바라볼 수 있기를 바란다. 나의 아들이 공룡에 빠져 있는 동안 나는 아이가 좀 이상해지는 것을 경험했다. 손님이 오면 너무 흥분한 나머지 자기가 공룡이 되는 것이다. 손님이 오면 인사 대신 그 앞에서 "어흥!" 하고 인사를 했다. 그래서 가족의 권유와 함께 다양한 동물과 곤충으로 아이의 관심이 전환되도록 했다. 물론 지금도 밖으로 놀러 나가면 항상 땅을 보면서 곤충과 벌레에 관심을 두고 있다. 우리가 자녀들에게 새로운 것들을 경험하게 하고 그 안에 있는 열정들을 찾아 보면 우리가 도울 수 있는 부분들이 굉장히 많다.

자녀들에게 비전을 심어주기 위해서는 엄마 아빠가 먼저 비전을 가져야 한다. 엄마 아빠는 마냥 삶에 찌들리는 인생을 살아가면서 '이렇게 살다 가는 거야.' 라고 결정짓고 자녀에게는 "큰 비전을 가져라."라고 말한다면, 자녀에게 어떤 영향력을 전해줄 수 있을 것인지 생각해 보기 바란다. 부모가 먼저 인생의 비전에 대한 열정을 되찾아야 한다. 아무리 힘든 상황에 처해 있을지라도 '주님, 내가 이 상황에서 어떤 비전을 가지기를 원하십니까?' 라고 질문해 보기 바란다. 자녀들의 뒷바라지로만 당신의 인생을 끝내고 싶은가? 절대 그럴 수 없다! 그러기에는 당신의 삶은 너무나 귀하다. 우리는 아직도 줄 수 있고 나눌 수 있고 영향력을 전달해 줄 수 있는 부분들이 이 세상에 얼마나 많이 있는지를 바라보아야 한다. 우리의 열정을 회복해야 한다. 그렇게 비전을 가지고 설 때 우리 자녀들이 엄마 아빠인 우리를 통해서 무한한 가능성에 대한 가치를 보게 된다.

이제 크게 심호흡을 해보자. 그리고 숲을 바라보기 바란다. 넓은 바다를 바라보고 하늘의 은하수를 바라보자. 내가 보는 것이 무엇인가? 하나님이 보여주시는 것이 무엇인가? 가슴속에서 끓어오르는 열정이 느껴지는가? 생명을 다해 전적으로 투자할 수 있는 가장 가치 있는 일에 나는 전력을 다하고 있는가? 이러한 모습들을 가지고 우리 자녀들을 대할 때 자녀들은 비전의 귀함을 깨닫고 비전을 가진 리더로 성장할 수 있는 것이다. 자, 모두 힘을 내자!

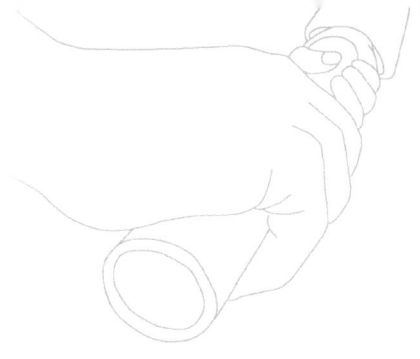

부모 리더십 제6원칙

붕어빵의 원칙

붕어빵의 원칙

친구 하나가 미국에 처음 와서 영어를 하나도 못할 때 일이다. 기본적인 영어 실력을 가지고 고등학교에 들어갔는데 실수로 체육 시간에 다른 반 수업에 들어가게 되었다. 그래서 잘못 들어 온 것을 그 체육 선생님에게 표현하고 싶었지만 영어로 어떻게 표현해야 할지 막막할 뿐이었다. 그래서 할 수 없이 체육 선생님에게 가서 최대한으로 머리를 써서 자기가 지금 참석한 반이 자기 반이 아니라는 것을 설명했다.

"Do you know me? I don't know you?"

(당신 나 알아요? 난 당신 모르는데요?)

자녀가 항상 내 옆에 있지만 정말 나는 내 자녀를 아는가? 각자 자신에게 내가 진정으로 내 자녀를 알고 이해하고 용납하고 있는가 질문을 던져보기 바란다.

자녀의 장래를 좌우하는 부모 리더십의 제6원칙은 붕어빵의 원칙이다. 붕어빵이라는 이름을 붙인 이유는 자녀가 부모를 닮았다는 의미도 있겠지만 같은 모습을 하고 있는 붕어빵을 보면 뭔가 따뜻하고 부드러운 느낌, 부모와 자녀가 같이 나누는 이해와 사랑 같은 모습이 연상되기 때문이다.

붕어빵의 원칙은, 과연 내가 얼마만큼 우리 자녀들을 잘 알고 있는지, 그리고 우리 자녀들을 더 잘 앎을 통해 어떻게 우리 자녀의 미래를 위하여 더 발전적으로 도와줄 수 있을까 하는 것이다.

최고를 원하는 부모

많은 부모들은 자기 자녀가 최고이기를 원한다. 그리고 그렇게 최고를 원하는 부모들의 공통된 실수는 부모의 선택을 자주 강요한다는 것이다. 부모가 생각하는 길이 최선이라고 설득하고 또 그것과 함께 부모의 선택을 자녀에게 강요한다. 그뿐만 아니라 모든 일에 다 최고가 되는 것을 강조한다. 사실 모든 일을 다 잘한다는 것은 불가능한 일이다. 부모인 우리 자신들도 그렇지 못하면서 우리 자녀들에게 무슨 일에 대해서 건 최고이기를 강요하는 것은 올바른 생각이 아닐 것이다. 그럼에도 불구하고 우리는 자녀들이 팔방미인이 되도록 너무 일찍부터 강요하고 있다는 것이다.

언젠가 내가 '주간 동아'에 칼럼을 쓴 일이 있었는데 내 칼럼을 다룬 기자가 전에 기사로 직접 다뤘다는 한 이야기를 대단히 듣고 놀란 적이 있다.

강남에 있는 한 병원에 관한 기사였다. 그 병원에서 갓난 아이의 혀를 길게 하는 수술이 있었다고 한다. 약 1mm 정도 늘리는 수술인데 그것을 늘리면 영어의 R 발음과 L 발음을 잘할 수 있다는 소문을 듣고 부잣집 사람들이 자신의 갓난 아이의 혓바닥을 1mm를 길게 하는 수술을 하기 위해 몰렸다는 것이다. 나중에는 그 수술이 사회적으로 유행이 되어 그것이 문제가 되어서 기사를 썼다고 한다. 언어학자들은 그러한 수술이 학문적으로 신빙성이 없다고 주장하는데도 여전히, 혹시나 하는 바람 때문에 계속해서 수술이 이루어지고 있어서 그 기자가 그것을 비꼬는 기사를 썼다는 것이다. 그런데 더 기가 막힐 일은 그 기사가 나간 후 그 병원의 이름과 연락처를 문의하는 전화가 빗발쳤다는 것이다.

최고의 자녀를 원하는 부모는 아이의 각기 다름을 인정하지 않는다. 자녀를 그 아이 자체로 바라보지 않는다는 것이다. 우리는 우리 자녀들이 다 똑같이 다 잘하기를 바란다. 하지만 현실은 자녀들마다 각기 너무나 다르다는 것이다. 한 명 이상의 자녀를 둔 부모들은 이것을 공감할 수 있을 것이다. 많은 부모들이 자녀들이 각각 서로 다르다는 것을 인정해 주지 않기 때문에 그들에게 마음에 상처를 주는 경우가 있다. 때로는 서로 비교하고 편애하여 더 큰 상처를 주기도 한다.

우리 자녀들이 공통적으로 부모로부터 제일 듣기 싫어하는 말이 몇 가지 있다.

"야, 언니 좀 봐라.", "너 오빠 좀 본받아라.", "언니 반만이라도 닮아라." 내지는 "동생보다도 못하니?" 등등 비교하는 말이다. 아이는 그런 말을 들을 때마다 '나는 별로 중요하지 않구나.' 라는 생각을 하게 된다.

또 부모가 "내가 너만 했을 때는……."이라는 말로 자신과 비교 의식을 갖게 만들기도 한다. 심하면 "6.25 때는 말이지…….", "보릿고개를 넘을 때는……."이라는, 아이가 이해할 수도 없는 현실성 없는 이야기들로 자녀들을 혼란스럽게 하는 부모들도 있다.

또 "다 너 잘되라고 하는 거야.", "너를 위해서 그러는 거야.", "네가 크면 다 알거야."라는 말들도 있다. 사실 이러한 상투적인 말들과 "밥 먹어라.", "차 조심해라.", "공부해라."라는 말을 다 빼버린다면 실제로 우리가 자녀들과 마음을 내놓고 나누는 의미있는 대화는 하루 중 거의 없을지도 모른다. 자녀들과 하루에 최소한 5분, 10분의 의미있는 대화가 제대로 오고 가지 않는다고 하면 보통 일이 아닌 것이다.

이렇게 정말 최고를 원하는 부모님들의 공통적인 실수는 우리 자녀를 이해하지 못하고 있는 모습을 그대로 받아주지 못하는 현실에 있다. 부모 자신이 그렇게 자라왔기 때문이다. 잘해도 더 잘하도록 하기 위해서 못한다고 말하며 경쟁심을 불러일으켜서 잘 하도록 만드는 교육으로 부모 자신이 교육되어져 왔기 때문인 것이다. 그러다 보니 나의 자녀가 잘하고 있음에도 불구하고 칭찬을 하면 방심하고 더 안할까봐 못한다고 다그치면서 더 잘 할 수 있도록 밀어부치는 작전을 자녀들에게 사용하고 있는 것이다.

그런 과정을 통해서 우리는 자녀들로 하여금 '나는 엄마 아빠 마음에 꼭 들 수 없어.' 또는 '내가 엄마 아빠에게 이해되고 받아들여지기는 불가능해.' 그리고 '엄마는 영원히 나로 인해 만족할 수 없을 거야.' 라는 느낌을 갖게 한다는 것이다. 그리고 우리 자녀는 '엄마 아빠는 왜 내 모습 이대로 받아주지 못할까?' 하는 생각을 갖게 되는 것이다.

부모 리더십 X, 부모 리더십 Y

리더십 이론에 보면 '리더십 X'와 '리더십 Y'라는 표현이 있다. 그것은 리더가 자기를 따르는 사람들이 어떤 사람들인가를 이해하는 전제presupposition에 따라서 사람들의 행동과 일의 열매가 달라진다는 것을 말한다. 이 이론을 부모 리더십에 적용하여 생각해 보자. 부모 리더십 Y에 의해 자기 자녀를 이해하는 부모는 인생은 살 만한 가치가 있는 것이라고 생각한다. 그들은 상당히 관계 중심적이며 아이들에 관한 한, 아이들은 그냥 놔둬도 스스로 문제를 해결할 능력이 있으며 아이들에게 동기만 제대로 부여된다면 알아서 많은 일을 잘할 수 있을 것이라고 이해한다.

그러나 부모 리더십 X에 의해 자기 자녀를 이해하는 부모는 전혀 다르다. 그들은 생각하기를 인생은 괴로운 것이라고 이해한다. 부모 스스로가 상당히 성취 중심적이기 때문에, 아이들을 그냥 놔두면 야망도 없고 창의성도 없는 아이들이 되어 결국, 아이들을 다 망치게 된다고 이해하는 부모이다. 그러므로 아이들은 달달 볶고 바쁘게 계속

프로그램을 돌려주어야 한다고 생각하는 것이다.

검은색 선글라스를 끼면 온 세상이 검은색으로 보이고, 파란색 선글라스를 끼면 온 세상이 파랗게 보이는 것과 마찬가지로, 부모가 자녀에 대한 근본적인 전제를 어떻게 이해하는가에 따라서 자녀들의 성취감과 만족도가 달라질 수 있다.

한국 부모들은 주로 리더십 X라는 선글라스를 끼고 아이들을 접하는 것 같다. 부모 리더십 X를 가진 엄마가 '내 인생은 괴롭고 아이들은 문제가 많구나. 아이들은 그냥 놔두면 안 되고 달달 볶아야 되고……정말 문제가 많고 힘들어.' 이렇게 이해한다면 모든 것이 다 문제가 된다. 아이들을 자랑하려고 할 때도, '아휴, 뭐 막상 따지고 보면 제대로 하나 칭찬할 것이 없고, 아직도 여전히 부족하고 이것도 안 되고 저것도 안 되고 언제 저렇게 좀 철들라나?' 라고 생각하는 것이다. 그렇게 대하면 아이들도 결국 그 수준에 그대로 머무르게 되고 부모의 그런 기대에 머무르는 행동을 한다는 이론이다.

그런데 부모 리더십 Y라는 선글라스를 끼고 아이들을 접할 때는, '이 아이가 참 부족한 게 많지만 하고자 하는 마음만 먹으면 얼마든지 잘할 수 있을거야.' 라고 생각하고 자녀의 생활에서 많은 좋은 점과 긍정적인 부분들을 칭찬해 준다. 그렇게 아이를 대하면 부모의 이해 때문에 어느덧 그 아이는 매사에 긍정적이 되고 일에서나 성과 면에서도 훨씬 더 성공적일 수 있다는 것이다.

부모인 당신 자신의 삶을 먼저 바라보기 바란다. 당신은 어떤 선글라스를 끼고 자녀들을 보고 있는가? 부모 리더십 X인가? 아니면 부모 리더십 Y인가?

물론 모든 부모는 양쪽 부분을 다 가지고 있지만 중요한 질문은 보통 X와 Y 중 어느 부분이 더 강하게 자녀를 이해하고 바라보는 전제가 되고 있는가 하는 점이다.

무엇이 선행되어야 하는가?

먼저 부모는 자녀의 독특한 사회적 문화를 이해할 필요가 있다. 아이가 듣고 있는 음악, 또 좋아하는 TV 프로그램과 비디오 게임, 이러한 것들에 대해서 알아야만 대화를 이끌어갈 수 있다는 것이다. 모르면서 나쁘다고 할 때 우리의 자녀들은 반발하게 된다. 알고 대화를 나눌 때 좋은 관계가 시작되는 것이다. 엄마가 한번 해보고 "이러한 점이 좋고 저러한 점이 나쁘더라."라고 할 때 아이는 공감할 수 있고 서로의 느낌과 생각을 함께 나눌 수 있다.

그러기 위해선 부모가 부족하다는 것을 인정할 수 있어야 한다. 어떤 때는 부모가 잘못된 반응을 보일 때가 있다. 화가 나면 모든 것을 감정적으로 처리하게 되는 경우도 있다. 아이를 이해하기보다는 자신의 마음이 답답하여 아이를 부모 뜻대로 설득시키려고 할 때도 있다. 부모의 부족한 점을 인정하고 "참 내가 부족하다, 엄마 좀 도와줄래?"라고 할 때 아이들은 부모를 더 도와주고 싶어하고 더 이해해 주고 싶어하며 부모에게 더 마음을 열어준다. 그래서 부모가 정직하게 자신들의 부족한 점을 인정한다는 것은 자녀를 이해하는 좋은 첫 걸음이 될 수 있다.

그뿐만 아니라 자녀에게서 감사의 제목을 찾고 격려하라. 먼저 자녀들의 장점들을 찾아내야 한다. 그리고 그 장점들에 대해 감사하고 격려할 줄 알아야 한다. 자녀와의 관계에서 나름대로 함께 가지고 있는 소중한 추억과 정들을 만들어내야 한다.

아빠와 아들, 아빠와 딸

특히 아빠와 아들의 관계가 참 중요하다. 왜냐하면 아들은 정말 아빠처럼 되고 싶어하기 때문이다. 아빠가 하는 것은 다 하려고 노력한다.

내 아들 역시 붕어빵처럼 내가 하고 싶어하는 것을 다 하려고 한다. 내가 무언가를 맛있게 먹으면 꼭 달라고 한다. 자기도 좋아하는 듯 맛이 있다고 하고 먹어 보고는 하나를 더 권하면 괜찮다고 한다. 정말 좋아하는 것이 아니라는 것이다. 사실 그것을 별로 안 좋아하지만 아빠를 닮고 싶어하고, 아빠와 함께 하고 싶어서 맛있는 척하는 것이다. 아빠를 닮고 싶어하는 것, 자녀의 마음이 모두 그래야 하지만 특별히 아들에게는 아빠와의 아주 특별한 관계가 있다.

거기에는 끈끈한 '사나이'라는 공통된 이해가 있다. 나와 아들은 서로 이렇게 이야기한다. "사나이끼리는 통하는 무엇이 있다고!", "나는 너를 도와주고 너는 나를 도와주는데 이 가족 안에 남자는 우리 둘밖에 없다. 그러므로 집안의 여자들을 잘 도와줘야 한다."는 강한 책임 의식을 심어주는 것이다. 내가 수양회가 있어 집을 떠날 때는 아들을 불러서 이렇게 이야기를 한다. "내가 없는 동안 집안의 여자들을 부탁하마." 그러면 아들이, "걱정마, 아빠. 내가 잘 도와줄께."라고 대답한다(영찬이는 그때 6살이었다).

아빠와 딸의 관계 또한 너무나 중요하다. 딸이 태어나서 제일 먼저 아름답다는 이야기를 들을 수 있는 최초의 남자는 바로 아빠이어야 한다. 그렇지 않으면 평생 다른 남자로부터 아름답다는 이야기를 한 번도 못 들어볼 수도 있다. 아니면 커가면서 남의 눈에 들기 위해서나 부족한 사랑의 관심을 받기 위해 잘못된 길로 빠지는 경우도 생길 수 있다.

"우리 딸 참 아름답다!"라는 이야기를 아빠로부터 먼저 들을 수 있다면, 어떤 모습과 상황이든 여전히 아빠에게는 아름다운 딸이라는 사실을 확신시켜 줄 수만 있다면 그것은 딸의 인생에 너무도 중요한 가치를 부여받게 되는 것이다. 당신에게 딸이 있다면 이제 책을 덮고 지금 다가가든지 전화를 하든지 이메일을 하라. "우리 딸 참 아름답다." 만일 말하기가 좀 쑥스러우면 영어로 해라. "You are beautiful!"

메이저 리그, 마이너 리그

자녀를 잘 이해하기 위해서는 잘 들어주는 부모가 되어야 한다. 그들의 인격 세계를 존중해 주고, 무조건 설교하려 들지 말고, 들어주라는 것이다.

미국의 어느 가정에서 목사님을 집으로 초청했다. 좋은 음식을 가득히 차려놓고 함께 식사를 하는데 귀한 손님과 나누는 그날의 대화를 녹음하려고 아버지는 녹음기를 켜놓고 있었다. 갑자기 중간에 5살 된 아들 쟈니가 벌떡 일어나더니, "소금 줘!"라고 큰 소리를 버럭 지르는 것이었다. 식구들은 너무나 놀랐고 아빠는 화가 머리 끝까지 났다. 쟈니를 다른 방으로 데려가서 혼을 내면서 그것이 무슨 매너냐고 다그치기 시작했다. 쟈니는 울고 또 울었다. 그 사건이 있은 후 아버지는 녹음한 테이프를 들을 기회가 생겼고 다시 한번 목사님과 즐겁게 나누던 대화 내용을 회상하며 미소를 짓고 있었다. 그때 어느 한 순간에 어린 쟈니의 음성이 나오는 것이었다. "아빠, 소금 좀 주세요." 그런데 누구에게서도 아무런 반응이 없었고 곧 즐거운 대화의 웃음 소리가 그 소리를 덮어 버렸다. 또 조금 지나자, "소금 필요해요."라는 소리가 나왔다. 역시 그때도 아무런 반응이 없이 다른 사람들의 말소리에 묻혀 쟈니의 목소리가 지나가버리는 것이었다. 조금 있다가 쟈니의 목소리가 다시 들렸다. "소금 주세요." 다시 쟈니의 목소리는 무시되었고 그 이후, "소금 줘!"라고 큰 소리치는 쟈니의 소리가 들린 것이다.

자녀들의 "엄마 아빠 들어주세요."라는 말과 행동의 호소를 얼마나 무시하는지 우리는 모를 것이다. 그들은 계속적으로 "들어주세요. 듣고 계세요?"라고 말하고 있다. 그런데 우리는 듣지 않고 있다. 그러다가 어느 한 순간 아이가 "으악!" 하고 폭발하면, "아니, 저 아이가 왜 저래? 뭐가 문제야?"라고 한다는 것이다.

그나마 초등학교에 다니는 자녀를 둔 부모들은 그래도 쉽게 해결할 수 있을지 모르겠다. 왜냐하면 그때는 일반적으로 부모에게 잘 이야기하고 그런대로 말을 잘 듣는 시기이기 때문이다. 그런데 중고등학생이 되면 통제가 잘 되지 않는다. 부모의 말을 잘 들으려 하지도 않고 잘 이야기하지도 않아 대화가 무척 힘들어진다. 그럴 때 종종 성숙하지 못한 부모들은 그들을 어릴 때와 똑같이 대하면서 화를 낸다.

중고등학생을 자녀로 둔 부모는 대화하는 법을 배우고 잘 개발시켜야만 한다. 그리고 지혜롭게 협상을 잘해야 한다. 항상 대화의 내용 가운데 그 내용의 중요성을 메이저major와 마이너minor로 구분할 수 있어야 한다. 다시 말해 운동 경기에서도 더 중요한 게임을 메이저 리그 경기라고 하는 것처럼 어떤 이슈가 정말 중요한 메이저 리그인가 그리고 어떤 이슈가 마이너 리그인가를 구분해야 된다는 것이다.

메이저 리그격에 속하는 대화의 내용에 대해서는 그것을 이해하려고 노력하면서도 중요한 내용이기에 더 설명하고 아이에게 좋은 영향을 줄 수 있도록 이해시키는 노력을 포기하지 않아야 하며 뒤로 쉽게 물러서지 말아야 한다. 그러나 마이너 리그격에 속하는 대화의 내용에 대해서는 오히려 협상을 해야 하는 것이다. '넌 이것을 원하고, 난 이만큼을 원하고……. 그러면 이 선에서 난 이렇게 하고 네가 이렇게 한다면 내가 이렇게 해준다.' 등등 뛰어난 협상가가 되어야 한다.

이러한 메이저와 마이너의 이슈에 대한 감각이 전혀 없이 일방적으로 마음이 안 내킨다고 무조건 안 된다고 한다면 이 아이는 부모가 나를 전혀 이해하지 못하며 자신의 이야기는 들어주지 않는다고 생각할 것이다.

더욱더 나쁜 경우는 오히려 메이저 리그는 관여하지 않고 마이너 리그에서 아이들과 과도하게 싸우는 것이다. 이러한 경우는 자녀가 청소년인 부모들에게서 자주 볼 수 있는 경우이다.

그럼 메이저 리그와 마이너 리그는 어떻게 구분할 수 있는가?

메이저 리그는 앞으로 10년 아니 평생 동안 자녀의 인생을 좌우할 수 있는 이슈들을 말한다. 즉 아이의 도덕과 윤리 가치에 관련된 부분이 그 대표적인 예이다. 마이너 리그의 이슈들은 지나가 버리는 것이 될 수도 있고 유행이 될 수도 있는 것으로 자녀에게 장기적인 영향력을 주지 못하는 내용으로 볼 수 있다.

물론 이러한 것들은 각 가정과 부모의 가치관에 따라 조금씩은 다를 수가 있겠지만(공부가 메이저 리그 이슈일까, 아니면 마이너 리그 이슈일까?) 정말 중요한 포인트는 메이저와 마이너 리그를 생각하면서 자녀에게 그때 그때마다 대화의 방법을 다르게 적용해야 한다는 점을 부모가 지혜롭게 알아차려 가며 해결해야 한다는 것이다.

아빠 흉터, 엄마 흉터

가정은 서로 용서하고 용서를 받는 곳이다. 사실 부모인 우리 자신들 마음 가운데도 상처가 많다. 자녀들에게서 받은 여러 가지 다양한 상처들이 마음 가운데 자리잡고 있을 수 있지만 용서해야 한다. 그리고 자녀들도 부모들로부터 용서를 받을 필요가 있다. 또 부모도 자녀에게 여러 마음의 상처를 줄 수 있다. 부모인 우리에게도 우리의 부모에게 받은 상처가 흉터가 되어 아직도 남아 있는 경우를 볼 수 있다. 그래서 사랑한다고 하면서도 막상 부모님과 오래 같이 있다 보면 그 상처가, 그 흉터가 아직도 아프고 힘들게 하는 것을 경험하기도 한다.

어떻게 우리 자녀에게 아빠 흉터, 엄마 흉터를 적게 줄 수 있을까?

　나의 아이들이 아주 어렸을 적 이야기이다. 목회 사역을 하다 보니 너무 피곤하고 바빠서 아이들하고 놀아줄 시간이 여의치 않았다. 집에 오면 아이들이 달려와 "아빠, 나랑 놀아주세요!" 하며 매달리곤 했다. 그래서 내가 게임을 하나 만들었는데, 그 게임의 이름은 'Sleeping game' 곧, 잠자는 게임이었다. 이 게임의 방법은 간단하다. 빨리 잠드는 사람이 이기는 것이다. 게임 시작! 처음에는 순진한 아이들이 아빠가 놀아 주니까 좋다고 하면서 먼저 잠이 들려고 노력했다. 아빠의 악함을 전혀 눈치 채지 못한 채 말이다. 그동안 나는 조금이라도 쉴 수 있는 시간을 벌게 되었다. 그러나 그 게임은 오래가지 못했다. 시간이 지나면서 아이들은 더 이상 속지 않았다. 그 게임은 재미가 없다는 것이었다. 나는 나중에 그 게임에 대해 아이들에게 용서를 구했다.

　한번은 아내에게 큰딸과 막내딸이 머리를 잘랐다는 이야기를 전해 들었다. 큰딸은 나처럼 강한 곱슬머리라 하고 싶어하는 스트레이트 파마를 처음하게 되었다. 그 주간에는 사역과 강의로 바쁜 시간을 보내느라 아이들과 시간을 함께 보낼 수가 없었다. 아이들이 잠자리에 들기 전에 나에게 전화를 했다. 나는 집에 들어가 딸들이 잘 때 달라진 머리를 보겠노라고 두 딸과 약속을 했다.

　아뿔사! 그런데 집에 들어가 큰딸이 자는 모습은 봤는데 막내딸 보는 것을 잊어 버리고 말았다. 그 다음날 아침에 막내딸과 통화를 하는 가운데 거짓말을 할 수 밖에 없었다. "아빠가 어젯밤에 봤는데 참 귀여웠어." 분명 귀여울 거니까 귀엽다고 이야기를 하면서도 나는 마음이 참 아팠다. 다음날 아내에게 막내딸에게 거짓말한 것을 회개해야 한다고 말했다. 아내는 깔깔대고 웃었지만 사실 가서 용서를 구해야 할 부분이었다.

부모가 자녀에게 용서를 구하는 것은 결코 부모 리더십이 부족해서 그러는 것이 아니다. 오히려 용서를 구하는 부모의 진솔함이 자녀가 자신의 마음을 부모에게 오픈하고 가깝게 다가올 수 있는 지름길이 될 수 있다. 우리는 서로 용서하고 용서를 받아야 한다. 그것이 바로 가족이리라.

당신은 자녀에 대해 얼마나 알고 있는가?

나의 자녀가 학교에서 가장 좋아하는 과목은 무엇인가?
제일 친한 친구는 누구인가?
제일 좋아하는 음식은 무엇인가?
어느 순간에 가장 창피해 하는가?
제일 좋아하는 TV 프로그램은 무엇인가?
그 아이를 제일 화나게 만드는 것은 무엇인가?
그들의 장점은 무엇인가?
그들이 제일 귀하게 여기는 것은 무엇인가?
제일 좋아하는 식당은 어디인가?
커서 무엇이 되기를 원하는가?

부모에게 이러한 10가지 이상의 질문을 던질 때, 부모가 이 10가지 질문 중에서 8개 이상을 맞출 수 있다면 다행이라고 말할 수 있을지 모르겠다. 하지만 8개 이하를 맞추었다면 자녀와 더 많은 대화를 나눌 필요가 있다는 것을 알아두어야 할 것이다. 청소년 비행과 관련하여 부모를 상담할 때 가장 많이 등장하는 단어가 '설마'라는 단어이다. 많은 부모들은 이렇게 이야기한다. "설마 우리 아이가…….", "우리 아이는 원래 착해서……우리 아이는 학교하고 집밖에 몰라요."

당신은 당신의 자녀를 정말 잘 알고 있는가?

부모 리더십 제7원칙

안경 렌즈의 원칙

안경 렌즈의 원칙

나는 눈이 좋지 않아 안경을 쓰고 있다. 그런 아빠를 닮아서인지 우리 아이들도 셋 다 안경을 쓰고 있다. 사실 나와 아이들은 그렇게 안경 렌즈를 통해서 모든 것을 보고 있다. 그런데도 나는 안경 렌즈 자체를 볼 수 없다. 안경 렌즈가 엄연히 존재하고 내가 안경 렌즈를 끼고 있음에도 불구하고 나 자신은 안경 렌즈를 볼 수 없다. 안경 렌즈가 내 눈과 너무 밀착되어 있어 내가 렌즈 자체를 볼 수 없지만 단지 안경 렌즈를 통해서만 모든 사물을 볼 수 있는 것이다.

제7원칙은 안경 렌즈의 원칙이라 칭한다. 이 원칙은 우리 몸에 배어 있는 문화에 대한 이해와 우리 자녀들이 살아야 할 다문화권에서의 문화적 존중을 토대로 한다. 즉 안경 렌즈와 같은 것이 바로 우리의 문화라는 것이다. 우리는 나름대로의 문화를 가지고 있다. 그리고 모든 인간에게는 자기가 속한 문화를 통해 나름대로의 상황과 세상을 보는 시각과 관점이 길러진다. 일곱 번째 부모 리더십의 안경 렌즈의 원칙은, 문화에 관한 바른 이해와 체험을 통해 어떻게 우리 자녀를 이 세계와 시대에 필요한 리더로 키울 수 있을까 하는 점이다. 정말 어떻게 자녀들을 글로벌 시대에 세계를 상대로 하는 국제 무대의 리더가 될 수 있는 그런 인물로 키울 수 있을까 하는 것이다.

이 질문의 정답은 바로 안경 렌즈의 원칙, 즉 문화를 제내로 이해하는 것에서부터 출발한다.

문화 3차원

먼저 문화를 정의해 보자. 문화란 사람들의 총체적인 삶의 모습이다. 영어로 하면 더 쉽게 다가온다.

Culture is the total living life way of living a people(사람들이 사는 모습 즉 언어, 음식, 매너, 사는 집의 구조, 자녀 양육 방법, 생활 방식 등 모든 것을 가리켜서 문화라고 이야기한다).

지구상의 모든 사람들이 나름대로의 문화를 가지고 있듯이 한국 사람들도 나름대로의 독특한 문화를 가지고 있다. 그리고 우리의 대부분의 문화는 우리들이 볼 수 있거나 이해할 수 있는 것들이다. 그런데 문화에는 3차원이 있다. 그것은 지식과 감정과 평가이다. 이 3차원의 문화는 보이지 않고 손으로 잡을 수 없는 것이지만 우리에게 대단히 중요한 영향을 끼친다. 무엇인가를 알고 이해하는 것, 생각하는 것, 감정적으로 마음에 느끼는 것, 옳고 그른 것까지를 포함하며 이것은 인간이 가진 문화에 따라 똑같은 것을 대할 때라도 각각 달라질 수 있으며 또 각각 다르게 평가될 수 있다.

문화의 3차원 중 지식의 예를 들어 보자. 무지개를 보면서 한국 사람들은 무지개가 빨강, 주황, 노랑, 초록, 파랑, 남색, 보라 일곱 가지 색깔을 가졌다고 이야기한다. 미국에 사는 미국인들은 무지개 색깔을 여섯 가지로 표현하며 그것이 옳다고 알고 있다. 그러나 인도의 남쪽에서는 무지개를 두 가지 색으로 분류하고 바라본다는 것이다. 똑같은 무지개인데 말이다. 그 무지개는 동일한데 어떤 문화적인 내용물, 혹은 진의를 가지고 보는가에 따라 무지개에 대한 지식적인 이해가 각각 다르다는 것이다. 문화에 따라 모든 것이 달라진다는 말이다. 감정도 마찬가지이다. 자, 우리 모두 한번 눈을 감아보자. 지금부터 내가 이야기하는 한 단어와 함께 느껴지는 느낌이 어떤지 생각해 보기 바란다.

"고양이."

이 말을 들었을 때 어떤 느낌이 들었는가? 무섭다는 느낌이 들었는가, 아니면 귀엽다는 느낌이 들었는가? 똑같은 고양이지만 보통 미국인들은 '고양이'라고 하면 곧 귀엽다는 생각을 먼저 한다. 왜냐하면 집에서 고양이를 기르는 집이 많기 때문이다. 그런데 아프리카 나이지리아에 가서 "고양이."라고 말하면 맛있다거나 배고픔을 떠올릴 것이다. 그곳에서는 고양이를 잡아먹기 때문이다. 우리 한국 사람은 어떤가? 대부분의 한국 사람들은 고양이에 대해 미신적 이해를 가지고 있어서 귀엽고 사랑스럽다는 느낌과는 거리가 먼, 무섭다 내지는 섬뜩하다는 느낌을 가지고 있다. '고양이'라는 똑같은 단어를 사용했지만 그 문화에서 오는 이해가 감정을 좌우하기 때문에 사람들의 반응이 각각 다르다는 것이다. 그래서 문화는 감정까지도 다르게 만든다.

또 문화에 따라 어떤 것들을 평가하는 기준들이 각각 다르다. 무엇이 다른가? 다시 예를 들어보자. 사람과의 관계를 상하게 하는 것과 거짓말하는 것, 어떤 것에 더 중요한 의미를 부여하고 있는가? 한국 사람들은 보통, 다른 사람들과의 관계를 상하게 하는 게 더 나쁘다고 여길지 모르겠다. 그래서 때로는 관계를 보호하기 위해 하는 거짓말을 그렇게 나쁘게 보지 않는다.

한국에서는 대개 "식사하셨어요?"라고 인사한다. 이것은 예전에 가난해서 많이 굶었던 시대에 사용했던 인사법인데 일종의 가벼운 안부를 묻는 인사이다. 어느 날 한번은 어떤 사람이 오후 4시쯤에 "점심식사하셨어요?"라고 묻는 것이었다. 보통 때 같으면 안 먹었어도 먹었다고 이야기하고 자연스럽게 그 다음 대화로 넘어갔을지 모른다. 왜냐하면 그것은 그저 형식적인 인사였기 때문이다. 그런데 그날 따라 나는 다른 생각이 들어서 오후 4시에 나에게 점심식사를 했는가 하고 물을 때는 밥을 사줄 용의가 있어서인지, 아니면 그것도 아니면서 묻는 것인지 궁금했다. 그래서 솔직하게 "안 먹었습니다."라고 대답했다. 그랬더니 그는 기대하지 않았던 대답에 무척 당황해 하면서 어색하게 다른 이야기들을 힘들게 시작했던 기억이 난다. 지혜로운 한국인이라면 안 먹었어도 "먹었어요."라고 대답해야 하는 것이다.

그러면 저 사람도 안 먹은 줄 알지만 먹었다는 것으로 이해하고, 두 사람은 전혀 문제 없이 그 다음 이야기를 진행하는 것이다. 비록 그것이 거짓말이긴 하지만 서로 이해하는 가운데 전혀 문제가 되지 않는 모습, 이것이 한국적 문화인 것이다.

그런데 미국에서는 사실 거짓말하는 것을 더 좋지 않게 생각한다. 거짓말을 해서 대통령 자리에서 쫓겨난 사람도 있다. 만약 미국에서 이러한 식의 인사를 나누었다면 그런 것까지도 거짓말하는 그 사람은 '믿을 수 없는 사람'이 되어 버리는 것이다. 그러므로 문화마다 각각 평가의 기준이 다르다는 말이다.

문화 빙산

빙산의 일각이라고 하면 빙산이 물 위로 나와 있는 부분은 물 아래 보이지 않는 부분에 비해 아주 적은 부분에 불과하다는 말이다. 마찬가지로 우리에게는 누구나 문화 빙산이 있는데 행동이나 말이나 모든 표현되어져 나타나는 것들은 밖에 보이는 빙산처럼 작은 일부분일 뿐 가장 중요하고 큰 부분은 우리 마음속의 세계관이라는 자신의 내면의 문화적 이해에서 나온다는 이야기다.

그러므로 겉에 보이는 것으로 사람을 판단하거나 평가해서는 안 되며 자신의 문화적 세계관에 관한 깊은 이해와 또 다른 문화들의 세계관에 대한 체험과 이해가 얼마나 중요한지 늘 염두에 두어야 한다. 부모들은 자녀들을 위해 타문화에 대한 이해와 관계를 자녀들이 어려서부터 바로해야 한다. 이런 전제 아래 함께 생각해 보자.

먼저 생각해 볼 것은 이 세상에는 어느 곳에서나 완전한 문화는 없다는 것이다. 아무리 미국이라고 해도 모든 것이 완전하지는 않다. 많은 문제들은 어디나 그리고 언제나 늘 있기 마련이기 때문에 또 어떤 면으로는 그런 문제들을 해결하고자 하는 것이 그들 나름의 문화이므로 우리가 문화를 바라볼 때 완전한 문화란 없다는 것을 기억할 필요가 있다. 오로지 완전한 문화는 천국에만 존재하는 것이다. 그래서 어떤 문화도 틀렸다 내지는 잘못되었다고 이야기하지 않고 다만 다르다고 표현해야 할 것이다.

내가 가족과 함께 케냐에서 살 때에, 한국과 미국에서와는 반대로, 오른쪽이 아닌 왼쪽 좌석에서 차를 운전해야 하는 것을 처음으로 접하게 되었다. 나는 문화 충격을 접하게 되었다. 우리가 그런 문화 속으로 들어갔을 때 내 생각과 판단에는 'This people drive wrong way.' (그들이 잘못된 방향으로 운전한다, 그들이 거꾸로 운전한다.) 라고 생각했지만, No! 거꾸로가 아니다! 내 기준에서는 거꾸로이고 틀린 방향이었지만 그 문화를 갖고 그 규칙에 익숙한 사람들에게는 너무나도 바른 방향이었던 것이다. 여기서 중요한 것은 어떤 문화는 잘못되었고 틀린 것이 아니라 각각의 문화가 다르다는 것을 이해하고 받아들이는 것이다. 그들의 문화는 잘못된 것이 아니라 단지 다를 뿐이다. 이러한 마음을 우리 자녀들에게 심어줘야 할 필요가 있다.

한국 사람은 배타주의가 심한 편이다. 우리가 좋게 생각하거나 우리보다 잘 사는 나라들에게는 매우 우호적이지만 우리 나라만 못한 개발 도상국의 사람들을 보면 쉽게 차별하고 존중해 주지 않는 모습을 볼 때가 많다. 우리 사회 안에 있는 외국인 근로자들에 대한 문제만 보더라도 달리 변명할 길이 없다. 그러므로 어려서부터 우리의 자녀들에게 타문화를 존중할 수 있는 법을 가르치도록 하자.

또 한 가지 중요한 문제는 문화적 오해를 조심해야 한다는 것이다. 문화적 오해는 전에 언급했듯이 문화에 따라 지식과 느낌과 평가가 다르기 때문에 한 문화에 적용했던 잣대를 다른 문화를 대할 때도 똑같이 적용해서는 안 된다는 말이다. 다시 말하면 타문화권에 대한 이해의 범위를 넓히라는 이야기다.

한국적인 것만을 바라보고 다른 문화와 접촉해보지 않은 경우 자신이 속해 있는 문화가 최고라고 생각하게 될 수 있고, 나아가 자기의 문화를 기준으로 다른 문화의 사람들을 평가하게 된다. 그리하여 국제 사회에서 타문화들을 존중해 주지 못하고 국제적인 리더십을 발휘하지 못하는 경우가 많다.

한국을 바라볼 때 급격한 경제적 성장을 이룬 것은 감사한 일이고 잘한 일이라고 믿는다. 그러나 어떻게 보면 우리 한국인들은 이제는 됐다는 마음을 가지고 자만하고 있다는 생각이 든다. 우리의 부족한 점에 대해서 열린 사고를 갖고 서로 나누면서 좀더 좋은 쪽으로 성장해야겠다는 생각을 못하고 있는 부분들을 보게 된다. 올림픽과 월드컵에서의 뛰어난 부분들을 생각하면 충분히 국제화되어 있어야 할 한국을 그려 보게 되지만, 한국을 향한 세계의 눈은 아직도 그리 긍정적이지 않다. 밖에서 보는 눈과 안에서 보는 눈은 큰 차이가 있는 것 같다. 그러므로 우리 자신을 바로 볼 필요가 있다. 나 자신을 너무 지나치게 생각하여 나 자신을 기준으로 다른 것들을 판단해 버리는 것을 '문화적 이기주의' ethnocentrism라고 말하는데 이러한 차원에서 문화적 오해를 조심하라는 것이다.

케냐에 국제 선교사 자녀 학교가 있는데 한번은 한국 학생 한 명이 문제가 되어 내게 중재가 의뢰된 일이 있었다. 한국 아이가 자신을 괴롭히는 미국 아이에게 겁을 주려고 한국말 표현으로 "너 까불면 죽어!"라는 말을 영어로 써서 편지를 보냈다. "I will kill you!"(죽여버릴 거야!) 그런데 그 미국인 아이의 부모가 그 편지를 읽게 되었고 이 문제로 학교가 발칵 뒤집혔던 사건이 있었다. 다른 문화에서 오는 문화적 차이의 오해였던 것이다. 그러므로 문화를 많이 경험하고 겪을수록 그런 오해의 소지가 적이지게 되고 타문화를 더 예민하게 그리고 더 존중할 수 있게 된다.

한번은 인도 사람과 미국 사람이 함께 식사를 하는 중에 미국 사람이 비꼬며 물었다고 한다. "인도에서는 음식을 손으로 먹는다면서요? 아니, 그거 화장실에서도 손을 사용하는데 어떻게 그 손으로 음식을 또 먹습니까?" 비아냥거리는 미국인의 말에 화가 난 인도 사람은, "맞아요. 손으로 음식을 먹는 것은 사실이지만, 식사를 할 때 사용하는 손과 화장실에서 사용하는 손은 다릅니다. 그리고 손은 음식을 먹기 전에 깨끗이 씻고 먹습니다. 당신 미국인들은 자기 손을 사용하지 않지요. 그러니 이 식당에 와서 몇 천 명의 입 속에 들어갔다 나왔다 했던 포크와 숟가락을 당신 입에 넣고 있으니 참 깨끗하기도 하겠습니다."라고 대답했다고 한다. 미국 사람은 할 말을 잃었다. 사실 그럴지도 모르겠다. 내 손을 내가 깨끗이 닦고 먹는 것과, 깨끗하게 씻은 숟가락이지만 수십 만 명의 입 속에 들어갔다 나왔다 했던 것으로 음식을 먹게 된다면 과연 어느 쪽이 깨끗한 식탁 문화를 갖고 있는 것일까?

앞의 예를 통해 우리는 서로의 문화 차이를 가지고 다른 사람을 판단하기가 쉬울 뿐만 아니라, 단지 한 가지 문화의 차이만으로도 서로의 인격을 충분히 무너뜨릴 수 있음을 보았다. 그러므로 서로 각기 다른 문화의 차이를 받아들이지 못한다면 진정 세계를 이끌어 갈 만한 국제적인 리더십은 기대할 수 없을 것이다.

글로벌 시대의 리더십

네덜란드의 학자 홉스테드는 문화권마다 리더십이 각각 다르다고 결론짓고 크게 네 가지의 다른 점을 이야기했다. 그의 이론은 글로벌 시대에 타문화권의 리더십을 이해하는 데 큰 도움을 준다.

첫째는 리더십의 우위에 있는 사람과 하위에 있는 사람의 차이를 '권력의 거리' power distance라고 이름 지었다. 그의 이론에 따르면 각 나라와 문화마다 권력의 거리가 다르다는 것이다. 그 권력의 거리가 크면 클수록 윗사람은 더 절대적인 권력을 가지고 있고 아랫사람은 그런 윗사람의 권력을 당연한 것으로 받아들인다는 이론이다.

전에 내가 가르쳤던 아프리카의 대학원에서도 이와 같은 '권력의 거리'를 느낄 수 있었다. 학생들에 대해 교수가 가지고 있는 권한은 가히 절대적이었다. 예를 들면, 학생 화장실과 교수 화장실이 구분되어 있다. 철부지 아이들처럼 화장실을 더럽게 쓰는 것도 아닐 텐데 대학원생들에게까지 화장실을 구별해서 사용하게 해야 할 필요가 있을까? 이러한 모습은 아프리카라는 상황에서 교수와 학생의 권력의 거리가 리더십 문화의 한 현상으로 표출된 것이라 하겠다.

우리 나라 역시 이러한 '권력의 거리'가 무척이나 큰 나라이다. 오랜 유교적 관습과 군사 정권이 자행한 폭압적 권력 행사에도 우리는 오로지 평화(?)를 지키는 민족이었고, 오히려 이 모든 문제들이 스스로 부족하기 때문에 생겨난 것이라고 위로(?)를 삼았다. 한번은 케냐에 있는 미국인 고등학교에서 영어를 잘 못하는 한국 학생의 문제로 나에게 도움을 요청해 온 일이 있었다. 학생과 학부모가 말하는 학교에서 느끼는 문제점들을 통역해 달라는 부탁이었다. 문제가 발생하게 된 상황은 다음과 같았다. 학교 당국은 문제의 학생이 수업시간에 선생님을 쳐다보지 않고 항상 책상만 보면서 공부에 집중하지 않는다는 판단을 하고 있었다. 그래서 학교측은 이 학생이 '배움의 장애' learning disability가 있는 아이이기 때문에 특수반에 배정해야 한다는 의견이었다. 하지만 한국 학생과 부모가 받아들이고 이해하는 상황은 그와 정반대였다.

"왜 수업시간에 선생님을 똑바로 쳐다보지 않고 책상만 보고 있었니?"

"어떻게 선생님의 얼굴을 뚫어지게 쳐다봅니까? 그건 버릇없는 일 아닙니까?"

아하! 그제야 모든 것이 명확해졌다. 이 아이는 자신이 그저 교만하고 예의 없는 아이이고 싶지 않았을 뿐이었다. 미국의 문화에서는 이 아이가 선생님과 한번도 눈을 마주치지 않고 이야기하는 것을 '이 아이는 뭔가 조금 부족한 아이구나.'라고 오해했던 것이다. 이것이야말로 권력의 거리가 문화마다 다르기 때문에 오는 문화적 오해라고 볼 수 있는 것이다.

  둘째는 불확실 지향성과 확실 지향성이라 했다. 다시 말하면 문화마다 Yes, No가 확실한 문화가 있고 그렇지 않는 게 오히려 더 좋은 것으로 인정되는 문화가 있다는 것을 말한다. 미국 같은 경우, 하려면 하고 말려면 말고 좋다 나쁘다를 바로 표현하는데, 한국의 경우에는 어떤 경우에 확실하게 하면 인정이 없는 차가운 사람이 되고 만다. 그래서 보통 한국에서는 무엇을 권하려면 삼 세 번은 권해야 한다. "전 괜찮아요."라는 대답을 듣고 "그래? 그럼 알았어." 하며 그대로 믿고 행동한다면 또 한번 권해주는 것을 기다리고 있던 상대방은 상처를 입게 된다. 또 반대로 자신의 의견을 정확하게 표현하는 문화 속에 있는 사람이 그렇지 못한 문화에 살 때엔 얼마나 답답하겠는가. 한번도 제대로 확실한 대답을 들을 수 없기 때문이다. 그러나 그것은 누구의 잘못도 아니고 어느 문화도 더 나은 문화라 할 수 없다. 다만 그것은 매우 다른 문화이기 때문에 그런 문화의 다름과 그 의중을 이해하고 존중해 줄 때 다른 문화와의 차이를 줄이며 국제 시대에 영향력을 발휘할 수 있다.

  셋째는 개인적인가 집단적인가에 따른 문화 구분이다. 어떤 문화는 상당히 집단적인 반면에 또 어떤 문화는 상당히 개인적이다. 한국 사람이 미국 식당에서 음식 주문을 할 때 주문한 음식에 대해 추가적으로 말해야 하는 것이 많아지면 상당히 괴로워하는 것을 종종 보게 된다. 간단한 서양 음식을 시켰는데도 샐러드를 원하는지 스프를 원하는지 스프의 종류는 어떤 것을 원하는지 고기는 어떻게 구워주길 원하는지 샐러드 드레싱은 어떤 걸 원하는지 등등 시키는 사람이 추가해서 말해야 할 것이 참 복잡하게 많다. 그래서 여러 명의 한국인들이 미국 식당에 갔을 때 무조건 "Okay!"를 외치게 된다. 또 한 명이 결정해서 주문을 끝내면 그 다음 사람들은 줄줄이 "Me, too." (나도 그것을 원해)라고 말하며 무엇을 시킨 줄도 모른 채 다 똑같은 것을 먹게 되는 경우가 많다.

반대로 내가 한국 식당에서 제일 괴로운 것은, 음식점에 여러 사람이 갔음에도 불구하고 메뉴판을 하나밖에 주지 않는다는 것이다. 여러 명이 함께 모인 곳에서 하나의 메뉴판이 나오고 한 사람이 대표로 주문하거나 거의 다 통일된 메뉴를 주문하기를 바라는 분위기일 때가 많다. 음식을 시키는 데 있어 이것저것 의견이 많이 나오면 때론 "아이 복잡하다 야. 갈비탕으로 통일! 갈비탕 통일!' 이라고 하며 내가 먹고 싶은 것을 결정하고 싶어도 다수의 의견에 따라야 하는 분위기를 깨어버릴 수 없어서 할 수 없이 똑같은 음식을 시키는 경우를 경험하곤 한다. 이것이 바로 집단적인 문화 분위기의 전형적인 예이다.

마지막으로 그 나라의 문화가 여성적인가 남성적인가를 묻는다. 개인적으로는 홉스테드의 이론 중 가장 이해가 잘 안 되는 부분이기도 하지만 일반적으로 각 문화마다 그 성격이 강하게 남성적인 문화가 있는가 하면 여성적인 문화가 있다는 것이다. 이렇게 여러 가지로 각 문화의 다른 점을 연구해 보면 서로의 문화가 얼마나 다르며 또 다르다는 것 때문에 얼마나 많은 문화적 오해와 편견이 생길 수 있는지를 생각해 볼 수 있다.

한국의 리더십 뿌리

그렇다면 우리 문화의 세계관은 어떠한가? 한국 문화의 영향이 어떻게 우리를 움직여 왔고 또 앞으로 21세기에는 어떤 리더십을 가져야 되는가? 앞으로 자녀들을 글로벌 시대의 리더로 키우기 위해 우리는 한국 리더십의 뿌리를 먼저 이해할 필요가 있다. 한국 리더십의 뿌리를 찾기 위해서는 유교와 무교와 군사 정권이 우리에게 가장 중요한 문화적 리더십의 뼈대를 만들었다는 것을 이해해야 한다(이 부분에 대해서는 저자의 또 다른 책, 『리더가 죽어야 리더십이 산다』라는 책을 소개하고 싶다).

유교하면 떠오르는 이미지가 아버지, 할아버지 그 다음은 조상님일 것이다. 교회도 사회의 조직도 유교의 조직 문화를 본받아 지극히도 계급적이고 서열식 하달형이다. 미국에서는 회장을 역임한 사람이 회장 임기가 끝나면 다시 회원으로 내려가게 된다. 하지만 한국에서는 회장했던 사람이 임기가 끝나면 고문이나 원로급으로 올라간다. 마치 유교에서 할아버지가 죽은 다음에는 더 중요한 조상이 되는 것과 같다. 그래서 그 자리를 끝까지 지키게 되는 것이다. 이러한 유교적인 분위기로 꽉 짜여진 상황 가운데서 우리는 생활해 왔다.

또한 무속 신앙, 무교의 영향도 한국 리더십에서 쉽게 찾아볼 수 있다. 무당의 경우를 한번 생각해 보자. 굿을 할 때 무교에서 가장 중요하게 여기는 것은 자기들이 모시는 신과 복과 저주를 놓고 협상을 하는 것인데 무속에서 믿는 그 신은 도덕성을 전혀 가지고 있지 않다. 그 귀신들은 착하게 살라고 말하지 않는다. 어떤 게 옳은 것인지 이야기하지도 않는다. 무당과 신이 서로 끌고 당기는 가운데 무엇이 내게 복이 되는가를 따지는 것이다. 그렇기 때문에 무당은 귀신이 얼만큼 저주를 원하고 상대가 얼마만큼의 복채를 낼 수 있는가에 따른 복을 결정하기 위해 둘 사이를 왔다갔다 끌고 당기는 역할을 한다. 그래서 무당의 파워는 가히 절대적이 된다. 사실 한국의 기독교는 이러한 무속 신앙의 영향을 많이 받아서 문제점을 드러내고 있다. 하나님께서 무엇을 원하고 계시는가 하는 거룩하신 하나님의 뜻을 찾기보다 내가 헌금하고 수고하는 것의 많고 적음에 따라서 축복의 많고 적음이 결정되는 듯한 생각을 하고 있는 것이다.

그 다음은 군사 정권이다. 우리는 모두가 군사 정권에서 자랐기 때문에 '안 되면 되게 하라.', '이가 없으면 잇몸으로 해라.' 등 주로 특공대 작전, 100일 작전처럼 몸으로 때우려는 부분이 많다. 그래서 명령하면 반드시 해야 되고 명령 안하면 안해도 되는 분위기를 조성하게 되는 것이다. 이러한 점에서 볼 때 한국적 리더십은 강하게 밀고 나가서 안 되면 깨부수자는 카리스마적이고 제왕적인 리더십 문화를 가지고 있다. 그래서 만약 리더가 온유하고 착한 품성을 가지고 포용하고 들어주면 우습게 보고 지켜야 할 선을 넘어서 행동하는 경우가 있다. 오히려 목에 힘주고 큰소리쳐야 그때 겨우 따라오고 듣는 분위기에 익숙해 있는 것이다. 그러한 우리가 세계적 무대에 섰다고 생각해 보자. 어떻게 그 속에서 진정한 리더로서 다른 사람들과 신뢰의 관계를 형성할 수 있겠는가? 세계 무대에서는 통하지 않는 일임이 분명하다.

감사한 것은 IMF 이후에 우리 속에 변화가 일어나고 계속적으로 긍정적인 변화가 많아지고 있다는 사실이다. 앞으로 풍성한 미래를 향한 더 아름다운 변화들이 계속 일어날 것을 기대한다.

안경 렌즈의 원칙 적용하기

그럼, 어떻게 하면 부모가 자녀를 미래 사회에 꼭 필요한 글로벌 인재로 키울 수 있을까? 안경 렌즈의 원칙을 부모 리더십에 적용해 보자.

타문화권을 경험하게 하라. 자녀들에게 타문화권을 경험할 수 있는 기회를 주도록 해야 한다. 기회는 꼭 멀리 있는 것만은 아니다. 교회 속에 있는 타문화권 예배만으로도 얼마든지 경험될 수 있다. 또 다른 나라로 여행을 가는 것도 좋은 방법이 될 수 있다. 다른 사람들이 방문한 다른 나라와 문화에 따른 이색 경험담을 책이나 TV를 통해 접할 수도 있다. 또한 우리 나라에 들어와 있는 타문화권 음식점을 찾아가 맛을 보는 것도 색다른 경험이 될 것이다. 중앙아시아권인 우즈베키스탄의 음식을 맛본다거나 태국 음식점을 방문해 보는 것도 즐거운 경험이 될 것이다. 미래를 향하는 우리 자녀들에게 세상의 넓음을 인식하게 하라. 많은 문화들의 다채로움과 변화를 여러 모양으로 접하게 하라. 글로벌 시대에 우리 자녀들은 다른 문화의 사람들과 이메일을 주고받을 것이며 식탁을 같이 나누며 프로젝트를 같이 감당하게 될 것이다. 어렸을 때부터 모험적인 타문화권 경험이 그들을 하나로 만들어 줄 것이다.

우리의 참 모습을 깨닫게 하라. 장점과 단점을 깨달아야 한다. 민족적 자부심도 중요하다. 그러나 무리한 자존감이 우리 자녀를 '우물 안 개구리'로 만들게 하지는 마라. 스스로의 위치를 바르게 이해할 때 어디로 가야 하는가를 결정할 수 있다. 부족하다는 것은 부끄러운 게 아니다. 부족한 가운데 머물러 있고 변화하려고 하지 않는것이 부끄러운 것이다. 국제적 평가 기준과 시대적 감각으로 자신과 세상을 정확하게 바라볼 수 있어야 한다.

또 영어 교육에 대한 바른 목적을 제시해 줄 수 있어야 한다. 나는 한국의 영어 교육을 긍정적으로 바라보고 있다. 옛날에 우리가 제일 잘하는 영어는 "Fine, thank you, and you?"이었을 것이다. 적어도 이것 하나만큼은 확실하게 알고 있었다. 누가 "Hi, how are you?"라고 질문하면 어떤 상태에서건 기쁘게 "Fine, thank you, and you?"라고 대답했다. 물론 그후에 더 이상 할 말이 없다는 것이 문제였을 뿐……. 하지만 요즘은 많은 영어 학원과 외국인 교사들의 영향으로 우리 아이들의 영어 발음과 표현력이 얼마나 좋아졌는지 모른다. 그러나 진정한 문제는 영어 교육의 목적이 바로 되지 않았기 때문에 문제가 많다는 것이다. 무리한 영어 과외도 영어 캠프도 영어 학원도 탓하고 싶지 않다. 다만, 부모는 자녀들에게 영어를 배우는 목적을 확실하게 심어주기 바란다. 영어를 배우는 목적이 무엇인가? 왜 영어를 잘하기를 원하는가? 그것을 미래를 향한 비전에 담아 영어 교육을 다뤄주어야 한다. 단순한 학교 성적과 대학 입시, 그리고 직장의 필요 때문이라면 영향력 있는 부모 리더십의 역량을 다 발휘하지 못하는 것이다.

그리고 마지막으로 나는 자녀로 하여금 지구촌을 상대하도록 하라고 도전을 주고 싶다. 나의 자녀의 꿈의 근원이, 꿈의 범위가 지구촌이 되게 하라는 것이다. 나의 자녀에게 세계를 바라보게 하라. 유명한 현대 선교의 아버지 윌리암 캐리는 이러한 말을 했다.

'하나님을 위하여 위대한 일을 계획하고 하나님을 통하여 위대한 일을 시도하라.'

| 마치는 글 |

　미국은 공동묘지가 공원같이 아름답고 평화롭게 꾸며져 있다. 나의 고약한 취미 중에 하나는 공동묘지를 찾는 것이다. 거기서 묘지마다 세워져 있는 묘비명을 읽고 있노라면 내게 새로운 인생의 시각과 패러다임이 다가오는 것을 경험하곤 한다. 내 아내와 데이트하던 시절에도 아내에게 데이트 신청을 하고 자주 데려간 곳이 미국의 공동묘지였다. 깨끗한 공동묘지 바닥에는 묘비들이 서 있다. 묘비에는 그 사람이 언제 태어나고 언제 죽었는가를 알 수 있도록 새겨져 있고 그가 어떤 삶을 살았는가를 볼 수 있는 글들이 조금씩 새겨져 있다. 'Gone but not forget(죽었지만 잊어버리지 않는다)', '사랑하는 어머니' 혹은 '사랑하는 아내에게', '아름다운 추억 속의 사랑하는 아버지' 혹은 '너무 빨리 그렇게 간 사람' 등……. 여러 가지 내용들이 제각기 써 있다. 그것을 따라 읽으면서 고요히 나의 미래와 장래를 생각해 보곤 했다. 그리고 내가 죽고 난 후에 나의 묘비명에는 어떤 것들이 새겨질까를 생각해 본다.

　자, 이제 지금의 당신의 삶을 떠올리면서 엄마로서, 아빠로서, 부모로서, 내 묘비석에는 어떤 글들이 새겨질까를 생각해 보기 바란다. 그리고 나중에 내 자녀의 묘비에는 어떤 글들이 새겨지기를 원하는지 생각해 보기 바란다. 이 글을 쓰며 첫 번째로 언급했던 것처럼 당신은 정말 당신의 자녀가 '공부 잘해서 일류 대학에 가서 좋은 직장에서 열심이 일하다가 죽은 사람'으로 새겨지기를 원하는가?

이 묘비에 어떤 글들이 기록될 것인가 하는 것이 바로 우리의 비전이자 우리의 인생의 목표이며 우리의 가치관이라는 사실을 기억하기 바란다. 당신과 당신 자녀의 묘비를 한번 생각해 보라. 그리고 내 자녀와 함께 서로의 묘비에 어떤 글이 새겨지기를 바라는지를 나눠보기 바란다.

노벨이라는 사람은 많은 사람을 죽일 수 있는 다이너마이트를 팔아 큰 돈을 벌었다. 그런데 어느 날 신문기자의 실수로 노벨이 죽었다는 기사가 신문 제1면에 실리게 되었다. 시민들은 좋지 않은 방법으로 돈을 벌어들인 그 사람의 죽음을 기뻐했다. 신문기자가 노벨의 동생이 죽었는데 그것을 잘못 알고 노벨이 죽은 것으로 신문기사를 낸 것이었다. 살아 있는 노벨은 자신에 대한 신문기사를 보며 너무나 큰 충격을 받았고 그 사건을 통해 새로운 패러다임이 그의 마음 속에 자리잡게 되었다. 그 이후로 노벨의 삶은 바뀌었고 자기의 모든 재산을 사회에 환원했다. 그후 만들어진 것이 바로 노벨 재단이며 그 재단을 통해 지금까지 노벨상이 수상되고 있다.

당신의 자녀가 하나님으로부터 허락된 귀하고 아름다운 선물임을 늘 기억하기 바란다. 당신의 자녀를 가장 복된 인생으로 키우고 하나님이 원하시는 영향력을 끼칠 수 있는 세계 무대 속의 훌륭한 리더로 키우기 위해 오늘 이 시간 당신과 나는 진정한 리더로 서 있어야 할 것이다. 당신 자녀 안에 있는 리더를 키우라. 당신의 리더십이 당신 자녀의 장래를 좌우한다!

생명의말씀사

사 | 명 | 선 | 언 | 문

> 너희가 흠이 없고 순전하여······세상에서 그들 가운데 빛들로
> 나타내며 생명의 말씀을 밝혀 (빌 2:15-16)

1. 생명을 담겠습니다.
만드는 책에 주님 주신 생명을 담겠습니다.
그 책으로 복음을 선포하겠습니다.

2. 말씀을 밝히겠습니다.
생명의 근본은 말씀입니다.
말씀을 밝혀 성도와 교회의 성장을 돕겠습니다.

3. 빛이 되겠습니다.
시대와 영혼의 어두움을 밝혀 주님 앞으로 이끄는
빛이 되는 책을 만들겠습니다.

4. 순전히 행하겠습니다.
책을 만들고 전하는 일과 경영하는 일에 부끄러움이 없는
정직함으로 행하겠습니다.

5. 끝까지 전파하겠습니다.
모든 사람에게, 땅 끝까지, 주님 오시는 그날까지
복음을 전하는 사명을 다하겠습니다.

생명의말씀사 서점안내

광화문점 110-061 종로구 신문로1가 58-1 구세군 회관 2층
TEL.(02) 737-2288 / FAX.(02) 737-4623

강 남 점 137-909 서초구 잠원동 75-19 반포쇼핑타운 3동 2층 전관
TEL.(02) 595-1211 / FAX.(02) 595-3549

구 로 점 152-880 구로구 구로 3동 1123-1 3층
TEL.(02) 858-8744 / FAX.(02) 838-0653

노 원 점 139-200 노원구 상계동 749-4 삼봉빌딩 지하1층
TEL.(02) 938-7979 / FAX.(02) 3391-6169

분 당 점 463-824 경기도 성남시 분당구 서현동 273-1 대현빌딩 3층
TEL.(031) 707-5566 / FAX.(031) 707-4999

신 촌 점 121-806 마포구 노고산동 107-1 동인빌딩 8층
TEL.(02) 702-1411 / FAX.(02) 702-1131

일 산 점 411-370 경기도 고양시 일산구 주엽동 83번지 레이크타운 지하 1층
TEL.(031) 916-8787 / FAX.(031) 916-8788

의정부점 484-010 경기도 의정부시 금오동 470-4 성산타워 3층
TEL.(031) 845-0500 / FAX.(031) 852-6930

인터넷서점

http://www.lifebook.co.kr